国际组织与全球治理丛书

顾　问：邬小撑

策　划：张　琛　宋允孚

丛书学术委员会

主　任：何莲珍　张　宁

副主任：王逸舟　米　红

委　员：（按姓氏音序排列）

Amitav Acharya　Barry Buzzan　陈　劲　程　乐

Andreas de Guttry　何昌垂　华黎明　贾文键

李开盛　李　媛　邱泽奇　余潇枫　张海滨　朱　锋

丛书编委会

总主编：李　媛　米　红

主　任：董世洪

副主任：李　佳

委　员：（按姓氏音序排列）

高晓洁　何　银　胡　洁　Benno Wagner　王纪元

徐雪英　徐亚男　赵　佳　郑　瑞　朱晓宇

国际组织与全球治理丛书 ● 丛书总主编 李 媛 米 红

浙江大学国际组织精英人才培养计划

全球治理 家国情怀
国际公务员的成长

Stories of International Civil Servants

宋允孚 张幼云 陈 恳 著

浙江大学出版社

图书在版编目（CIP）数据

全球治理　家国情怀：国际公务员的成长 / 宋允孚，
张幼云，陈恳著.—杭州：浙江大学出版社，2020.12
（2022.2重印）
ISBN 978-7-308-20545-0

Ⅰ.①全… Ⅱ.①宋… ②张… ③陈… Ⅲ.①国际组织
－公务员制度 Ⅳ.①D813

中国版本图书馆CIP数据核字（2020）第167839号

全球治理　家国情怀——国际公务员的成长

宋允孚　张幼云　陈　恳　著

策　　划	董　唯　张　琛	
责任编辑	董　唯	
责任校对	牟杨茜　黄静芬	
封面设计	续设计	
出版发行	浙江大学出版社	
	（杭州市天目山路148号　　邮政编码　310007）	
	（网址：http://www.zjupress.com）	
排　　版	杭州林智广告有限公司	
印　　刷	杭州高腾印务有限公司	
开　　本	710mm×1000mm　1/16	
印　　张	14.25	
字　　数	240千	
版 印 次	2020年12月第1版　2022年2月第3次印刷	
书　　号	ISBN 978-7-308-20545-0	
定　　价	49.00元	

前　言

联合国应对全球性威胁和挑战的作用不可替代，是加强和完善全球治理的重要平台。利用并通过国际组织发挥大国应有的作用，是我国参与全球治理的重要途径之一。各国政府都很重视推送人员到联合国及其专门机构任职。据联合国 2019 年的统计，我国 2018 年年底仅有 546 人在联合国任职，仅占职员总数的1.46%，在各会员国中排名第 17 位。培养优秀青年到国际组织任职，迫在眉睫，刻不容缓。

党的十八届五中全会提出要提高我国在全球经济治理中的制度性话语权。制度性话语权代表了一个国家在国际规则的制定、国际道义的维护、国际秩序的组织、国际组织的运行等方面的引导力和影响力，涉及全球治理的方方面面。联合国及其专门机构的重要任务之一，就是在世界范围内为各领域定规则、定方向、定标准、定议程。积极参与联合国的决策过程与行动措施，利用联合国及其专门机构改革和完善的机遇，以及提升我国在国际组织中的话语权是提高我国在国际事务中制度性话语权的优先选择。参与全球治理需要"双轮驱动"或曰"两条腿走路"。一方面，国际组织会员国的政府派出的代表（如外交部和有关部委的官员）参与国际谈判，在制定规则、建立标准、确定议程的工作中具有重要作用。另一方面，国际公务员的作用同样不可替代。国际组织秘书处的主要任务是为会员国提供服务，执行决议，起草文件。国际公务员的角色，正如其英文名 international civil servant 所含的原意，是"国际仆人"。他们不是国家的代表，但是具有特殊的独立、中立地位，他们的作用是国家公务员无法替代的。国际公务员应被视为我国参与全球治理的人才队伍中一支不可忽视的重要力量。

我们三位作者曾在国际劳工组织总部、世界卫生组织总部和世界卫生组织西太平洋区域办事处任职。我们撰写本书，希望通过讲述故事的形式，介绍我们在国际组织任职的感受，给年轻人提供一些可供参考借鉴的经验与教训。成为国际公务员的门槛的确较高，但不是高不可攀。世上无难事，只要肯登攀。一方面我们需要机遇，另一方面机遇总是青睐有准备之人。我们成为国际公务员的经历和路径虽不相同，但殊途同归。形势发展、国家需要、个人素质、机缘巧合，让我们走进了联合国专门机构，成为国际公务员。

祝有志于在国际组织工作的朋友，早日实现理想，为世界奉献自己的一份力量，为国家争光！

目 录

CONTENTS

第一篇

永不言弃，前行

张幼云

视野 激情 专业

张幼云，生于1940年，毕业于北京外国语学院（现北京外国语大学），曾留学英国。20世纪80年代在中英两国政府关于香港问题的谈判中担任主翻。英国巴斯大学为表彰她在关于香港问题的谈判和接待英国女王访华工作中做出的贡献，授予她荣誉硕士学位。在近60年的职业生涯中，张幼云曾经多次转换职业。她最早是大学英语教师，尔后从事外交工作，当过翻译，做过外交官、国家公务员和国际组织官员，退休后又从事民间组织的工作。每当转换工作时，她总是以激情和专业精神积极面对，并取得出色成绩。这得益于她性格的两个特点。一个特点是她敏而好学，对新事物很敏感，喜欢学习、思考和钻研，在新的岗位上能较快适应和熟悉新情况，把握新岗位的目标和要求，从而制定出切合实际的宏观和微观的工作规划。另一个特点是她视野开阔，勇于开拓，不墨守成规，不满足于既有的成绩，不拘泥于现成的模式。她刻苦钻研、追求卓越和完美的精神，在她任职国际劳工组织期间大力推动性别问题纳入主流工作中充分体现了出来，助她成为国际劳工组织性别平等局首任局长。张幼云常以"永不言弃"和"视野、激情、专业"勉励自己和年轻人。希望青年朋友能从她的人生故事中得到有益的启发。

她自己是这样说的："我即将进入耄耋之年。回顾自己走过来的人生路，心中无限感慨，充满了深深的感恩和感激之情。我感恩于遇上了这个时代，感恩于党和国家对自己的教育和培养，感恩于给了我生命的父母，感恩于在人生路上指引我的长者，感恩于给了我那么多支持和帮助的同事和朋友，感恩于我的母校北京外国语学院，感恩于我的家人给了我无限的爱。"

第一章　我的童年和大学时代

第一节　快乐的童年

我生于 1940 年。父亲在我两岁半时因病去世，留下母亲和我们姐妹三人。母亲是位小学教师，一人辛辛苦苦把我们姐妹拉扯到大，孤儿寡母生活十分不易。我 6 岁时得了一场副伤寒病，母亲带我去看了中医。因为家中困难，最后还剩一服药没有钱买，但我还是好了。我还听母亲讲，大概是我 5 岁的时候，有一天她买了几根贱价处理的香蕉给我吃，我接过香蕉不知道剥皮就往口里送，她看到后忍不住落泪。我的两个姐姐读书成绩都不错，二姐成绩非常优异，学校要保送她上高中，但因为家境困难，没上成。两个姐姐最后上的都是公费师专，我是我们三姐妹中唯一的一个大学生。家里虽然穷，但我的童年还是在无忧无虑的快乐中度过的。

童年时（左一）和母亲及姐姐的合照

第二节　我的舞蹈梦

上中学以后，我对舞蹈产生了浓厚的兴趣，我和另一位同学每两周从武昌坐轮渡到汉口文化馆参加舞蹈班的学习。1954 年，我得知刚成立的北京舞蹈学校（北京舞蹈学院前身）要首届招生。得到母亲的允许后，我独自一人从武昌坐火车追梦到北京来投考北京舞蹈学校。听说有两三百人报名，还有来自美国的海外报名考生。舞蹈学校最后正式录取了 8 名，备取 4 名，我名列备取第二位。我因在北京没有亲戚，考试后便回到武汉家里等待学校最后的录取通知。回到武汉后正遇上长江发特大洪水，水位达到 29.73 米，形势非常严峻，全市处于抗洪紧急状态，我们学生也被动员起来上堤。等到抗洪结束后我们返校上课，我还没有接到学校的通知书，没有多想，就想当然以为没有被录取，也没有想过应该写封信给舞蹈学校询问最后录取的结果。

直到 34 年后的 1988 年中央芭蕾舞团访问英国时我才得知我原本还是有上舞蹈学校的机会的。事情是这样的，冀朝铸大使为中央芭蕾舞团访英举行招待会，在招待会上我特意找到当年正式录取的 8 人之一的钟润良，她这时已是著名的芭蕾舞表演艺术家了。听了我的说明后，她对我说，当年备取的同学都被学校正式录取了。这是 34 年后我得到的迟到的消息。我想，可能因为那时还没有武汉长江大桥（大桥是 1957 年建成的），汉口和武昌的普通邮件通信都得通过轮渡，或许是当时洪灾险情十分严峻，邮件不能正常送达，积压很多，可能舞蹈学校给我的通知书就压在其中。

一封没有抵达的信就这样使我与我的舞蹈梦擦肩而过了。不然，我的人生将会是什么样的呢？我想象不出来，反正和现在肯定是不一样的。

第三节　同英语结缘

　　1957 年我高中毕业。毕业考试结束后，我就一门心思积极准备高考。因为崇拜我的化学老师，所以我报考的第一志愿就是知名的天津大学化工系。但那一年刚好又遇上北京外国语学院（简称"北外"）首次在全国部分地区提前公开招生。在此之前，北外不对外招生，学生都是保送的。有一天招生办的老师来到我们学校推介北外，在他们的介绍内容中，我记得最清楚的是当年在莫斯科举行世界青年联欢节时，许多翻译都是北外的学生。我的外语老师朱序清（也是我的班主任），积极鼓励我报考北外（高中三年我一直是班里的俄语课代表），最终我改变了报考志愿，从工科跳到文科，走上了与外语结缘的人生路。

　　我以中南五省第一名的成绩被北外录取，我填写的第一志愿是法语系。其实我并不了解法语，也没读过雨果、巴尔扎克这些法国大作家的小说，只是听说法语浪漫就报了。我们那年高考录取人数很少，全国总共才录取了 10.7 万人。我考上了大学，而且还被提前录取，当然心里很高兴，整个暑假还兴致勃勃地练会了法语的小舌音。但没想到开学报到却发现自己被分配到英语系，满心不高兴。我

2007 年，和中学的班主任朱序清老师（右）在首都机场见面

想是不是搞错了，决定到教务处去问个明白，因为依我的成绩，应该按填写的第一志愿分配到法语系。教务处的老师向我解释说报英语系的人数不够，就按我填的第二志愿英语系分配了，何况我在第三志愿栏填的是服从组织分配。我当然不好再坚持，就这样，我就同英语结缘了。有时回想起来，觉得人生真奇妙，一路上有很多节点和路口，充满了各种可能，不知什么时候的一个机缘巧合，人生轨迹就发生改变，通向了未曾设想过的远方。

20世纪50年代，绝大多数中学的外语教的都是俄语，我所在的中学也不例外，所以我的英语ABC启蒙和学习在真正意义上讲是在北外才开始的。那时我们这一代人对外面世界的了解，对外语知识的掌握和水平与今天的年轻人相比简直不可同日而语，今天的年轻人也很难想象我们所处的那个年代，时代的变化真是太大了。自我上大学以来，60多年过去了，但每当我回首在北外学习和工作的情景，心中对母校和老师总是充满了深深的感激之情。虽然我在英语系学习的时间不长，总共才三年，学习期间又一个运动接着一个运动，但是在那个大的历史背景下，我和我的同学们还是很幸运的。我们在北外接受了当时条件下能够得到的最好的外语教育，为日后的终身学习打下了扎实的听说读写基础。

当时的北外英语系可谓群星璀璨，有王佐良、许国璋、周珏良等老一辈大师，还有一批英语语言实力雄厚、年富力强的中年讲师和出类拔萃的青年教师。毫不夸张地说，当时英语系师资队伍的结构和水平在全国外语院系中实力最雄厚，是最好的。能在这样的环境下学习和工作我的确非常幸运，非常幸福。

我们的英语学习是从为期六周的语音阶段开始的。课上老师耐心指导和纠正学生发音，课下一个班十几个人围着笨重的老式录音机一遍又一遍反复跟读模仿，许多同学还持一面小镜子进行口型练习。有些同学受乡音影响重，矫正起来非常吃力，常常练得口干舌燥、嘴巴起泡。但这是基本功，必须苦练。

此外，老师还教我们掌握单词重音、逻辑重音、语调、意群节奏等，精读课上的语法、句型训练都非常严格。这一套教学模式很有成效。基本上从北外出来的学生，外语说出来语音语调都比较标准，听起来比较舒服，听说读写的基本功都比较扎实。

2011 年，和中华人民共和国"友谊勋章"获得者、新中国英语
教育园地拓荒人伊莎白·柯鲁克老师（右）合影

2019 年，和北外的老师胡文仲教授（左）合影

第二章 我的国内职业生涯

第一节 仓促从教

1960年中苏关系恶化，在北外留苏预备部进修的原本计划派往苏联学习的学生大部分留在北外改读外语专业。一时英语系急缺师资，于是学校决定从四年级抽调10来名同学，再加上我们4名从三年级抽调出来的学生，经过短期培训便立即到第一线担任教学工作，我也就以这种方式开始了我的教学生涯。当时国家正处在三年困难时期，教学和生活条件都比较艰苦。对我来说，自己学习英语的时间不长，底子薄，要完成好教学任务，需要克服不少困难，付出更多的努力。虽然教研组有老教师对我们"传帮带"，但如何落实到自己的课堂教学和对学生的辅导上，还需要做大量扎实的功课。由于自己没有经验，我常常下的是死功夫。每天晚自习我总是待在教室里以便同学随时问问题，或者给有困难的同学开"小灶"补课，然后我再回到宿舍备第二天的课直到深夜一两点，这是那时的常态。那些年虽然艰苦，但过得十分充实有意义。我和其他同学一道，听从组织安排，刻苦学习，努力工作，在工作中锻炼成长。回想起来，那些年真是激情燃烧的岁月，令人难忘。

在北外学习和教书期间，我耳濡目染，也受到了良好的校风、系风的熏陶和影响，这对我的人生观和价值观都产生了长远的影响。在业务领域，国宝级大师王佐良、许国璋、周珏良等教授兢兢业业、一丝不苟的学风和严谨的治学态度给我们树立了永远难以企及的榜样。每当想起他们，我的心中总是感到深深的敬仰。这也鞭策和激励我，业务精进的路还很长很长。我对专业也始终抱着一颗敬畏之心。

2011年，和北外老师和同事合影。左一为北外校长陈乃芳教授、
左二为陈琳教授，右二为笔者

第二节　半路改行

1973年，国家首次从部分中央机关和大学抽调一批年轻同志前往英国进修，我也在其中。我被派到巴斯大学学习一年。

我们这一批有20来人。学习结束回国后，在北京站月台上前来迎接我们的英语系领导告诉我，我被调到外交部翻译室工作，要我休假一个月后到外交部报到上班。但我对调动一点思想准备都没有。我很喜欢教学工作，在巴斯大学学习期间收集了不少资料，做了许多笔记，都是与教学有关的，回国时有限的行李里基本上也都是书和资料。不过现在要到外交部工作，心里真有些发怵。自己此前从未接触过外交，觉得外交工作有些神秘，自己对外交工作不怎么关心，也不特别感兴趣。现在要到翻译室去工作，虽然还是用英语，但外交翻译与教学还是很不一样的，我又要从头学起。

记得刚到翻译室时，有一天我听到两位同事在谈翻译"颂词"一事，我大惑不解，心想外交部怎么还要翻译"宋词"。后来才知道是我把"颂词"当成"宋词"

1973年，在英国学习期间胡定一参赞（二排左四）与同学们合影。前排左一为龙永图（中国加入世贸组织谈判首席代表），二排左三为笔者

了。"颂词"是外交术语，指的是建立外交关系的国家之间互派使节时，派遣国大使向驻在国元首或政府首脑表示友好的祝词。这个例子让我意识到，要做好外事翻译，需要好好学习外交常识，充实自己，要关心时事，紧跟形势。外事无小事，来不得半点马虎。

那时我住在位于北京西郊的北外家属楼，开头两三年，我除了每天晚上下班后自行进行"补课"外，周日还常常骑车到位于城东的部里的翻译室阅读翻译材料的卷宗，给自己加油。我越学越发现自己的不足，越学越觉得需要学的东西太多。对我而言，向他人学习亦如此。那时还是在"文革"中后期，学习条件远非今天这么优越，参考书很少，外文书和资料更少。当然更没有现在电脑时代网上搜索查阅资料的渠道。一些用语自己从来都没有接触过，对一些常识和世界史知识的记忆还都来自中学课本，相关的英文原文更没有接触过。我记得有一次，乔冠华副外长会见英国影子外交大臣时谈到国际联盟时，我一下卡住了。我想翻译成 the Alliance of Nations，正要开口说 alliance 时，乔副外长用英文说了 the League of Nations，给我解了围。我还清楚地记得，1974年11月，那时我刚到外交部翻译室工作两个多月，正遇上尼日利亚元首戈翁访华。领导安排我给李先念副总理当正式会谈翻译。我深知这是领导对我的信任，但我知道这次我绝对无法担此重任，因为我刚来外交部，外交会谈翻译也从未接触过，在这种情况下我怎么能给国家领导人的正式会谈当翻译呢？外事无小事，出于对工作负责的考虑，我找了翻译室和礼宾司的领导，郑重表明了自己的态度，恳请他们考虑我的要求。后来礼宾司领导接受了我的意见，安排了唐闻生同志担任这场会谈的翻译。这是我第一次听现场翻译，也是一次很好的学习机会。从唐闻生的翻译中，我得到的启发是，翻译除了一定要准确外，再就是要传神，要努力把对话人双方的意思准确到位地传达出来，这一点非常重要。在我后来的翻译生涯中，我一直将"准确""传神"作为自己的座右铭，一直朝这个方向努力提高自己。

我改行到外交部当翻译时已经 30 好几岁了，当时我深知自己的知识底子和结构与做好外事翻译有很大的距离。特别是做外事翻译，把握语言和政治的关系极为重要，这对自己的政治素养、专业水平和学习能力都提出了更高要求。要做好工作，只有加倍努力才行。我前后在外交部工作了 17 年，得到了很多的锻炼和熏陶，提高了政治觉悟和素养，拓宽了视野，养成了关心形势、关心大事、注重学习的习惯，也培养了严谨的工作作风和纪律意识。这些对后来我在思想上的进步和事业上的发展都起了十分重要的作用。

见证历史

1982—1984 年，我有幸参加了中英两国政府关于香港问题的谈判，并担任主翻，这是我人生中一段极为重要的经历。

1982 年 9 月，撒切尔夫人作为英国首相对中国进行访问，同中国领导人首次就香港问题进行谈判，以解决两国关系中历史遗留下来的最后一个问题。近 40 年过去了，我还清楚地记得邓小平同志与撒切尔夫人在人民大会堂福建厅首次会见的情景。以"铁娘子"著称的撒切尔夫人一上来态度就十分强硬，坚持三个条约有效，说只有英国的管治才能保证香港的繁荣，如果中国收回香港，将会有灾难性的后果（disastrous consequences）。面对撒切尔夫人的强硬态度，邓小平同志当即一一做了坚定的回应。他说三个不平等条约是强加给中国的，中国政府从未承认，而保持香港繁荣稳定的关键是中国政府 1997 年后对香港实施的政策，中国在主权问题上没有回旋的余地，如果真的出现像夫人所说的灾难性的后果，那么我们对收回香港的时间和方式将重新考虑，主权问题是不可以谈判的。这段话大气凛然、掷地有声。当我翻译这段话时，我作为中国人的自豪感油然而生。邓小平同志那种政治家、战略家的气概，那种高瞻远瞩掌控全局的智慧和深邃眼光深深打动了我，我从心底对他产生了由衷的崇敬，同时感到作为一个普通的中国人能亲历这样重大的历史时刻，并通过自己的口把邓小平同志的铮铮话语传达给对方，是自己神圣的职责和无上的光荣。这次会见连同后来的 22 轮会谈都已作为"世纪谈判"载入史册，成为历史经典。

回顾这段历史，我们看到这两位政治家就 1997 年后香港繁荣稳定的基石进行了正面交锋。disastrous（灾难性）一词在这里添加了浓浓的火药味。我是会谈翻译，责任重大。在现场，当我听到撒切尔夫人说 disastrous consequences 时，心里一怔。在此之前我参加的外事翻译中，无论口头还是笔头，我都从未接触过这样强硬的表达。当时不容我细想，我的职责决定我必须迅速准确地把撒切尔夫人的强硬立场表达出来。邓小平同志当即针对她的"灾难性的后果"毫不含糊地进行回应，鲜明地阐述了中国的立场，于是便出现了前面所说的经典场面。虽然已经过去多年，但这场会见的情景仍鲜活地、永久地留在我的脑海里。同时我也深感翻译责任的重大，感恩于时代给了我参加中英香港谈判这个历史机遇，使我受到了深刻的爱国主义教育，使我对"一国两制"、实事求是、一切从实际出发，有了更生动、更具体的切身体会，对"国家利益高于一切"的家国情怀、历史责任和时代担当有了更加深刻的认识。参加香港谈判是我一生中最重要的一段经历，对我的教育和锻炼是多方面的，对我的人生产生了深远的影响，也是激励我永远前行的力量源泉。

1985 年，香港谈判结束后，我被任命为中国驻英国大使馆政务参赞，负责议会工作，并作为香港问题的"中英联合联络小组"中方五人小组成员之一参加过渡时期联合联络小组的工作。1990 年秋，我接到部里指示，就英国下议院要对香港居民持英国护照问题进行辩论一事同英方交涉，要向英方表明香港问题是中国内政，英国无权干涉，更无权在议会进行辩论，力争撤掉 debate（辩论）这个表述。我接到指示后随即约见英国下议院英中议会小组主席进行交涉，表明了我方的严正立场。在交涉中我还了解到，如果英国下议院要将某个问题列入议会议程，不管党派之间对议题所持立场是否相近或有分歧，只要问题列入议会议程，一律使用 debate 一词。这是英国议会历史沿袭的传统，这个传统延续至今，不可能改变。

1984年《中英关于香港问题的联合声明》工作小组合影。前排中为柯在烁大使、第二排右二为史久镛先生（曾任国际法院院长）、后排左六为吴红波大使（曾任中国驻德国大使、联合国副秘书长）、后排左三为笔者

本着实事求是的态度，我将交涉情况如实向部里做了汇报，该事也得到了妥善处理。这件事使我明白，做任何工作，了解相关的历史文化和社会背景很重要，从事涉外工作尤其要注意不同文化、不同历史的差异，在此基础上开展工作，会收到更好的效果。

给英国女王当翻译

中英两国政府通过谈判顺利解决了历史遗留下来的香港问题，开启了两国关系的新篇章。应国家主席李先念的邀请，英国女王伊丽莎白二世1986年对我国的国事访问就是两国关系新篇章的一个重要标志。

这是英国历史上首位国家元首对中国进行的正式访问，意义重大。访华前夕，外交部来电通知使馆调我临时回国参加接待女王访华的工作，担任女王访华全程的翻译。不同于以往做政治会谈翻译，这次我根据女王访问的性质，重点结合女王要参观的北京、西安、上海、昆明等地的历史和文化景点多做了一些准备。访华期间，女王同邓小平同志、国家主席李先念和其他国家领导人进行了会见，参观了故宫、长城、秦始皇陵、兵马俑坑、城隍庙、滇池等历史文化景点。女王对中国文化和文物很感兴趣，她每到一地都受到了官方高规格、隆重的接待和群众自发的非常友好和热烈的欢迎。女王这次访华，也带来了她的"不列颠尼亚号"皇家游艇和皇家仪仗队，尽可能利用这次机会展示英国的历史和文化传统。

李先念主席在欢迎女王访华举行的国宴致辞中高度评价女王访华，说这是中英关系史上一个重要的里程碑。女王在她的讲话中也表示到中国访问是她的夙愿。访问的第二天，邓小平同志（当时是中共中央顾问委员会主任）在钓鱼台国宾馆养源斋专门会见并设午宴款待女王和菲利普亲王。我记得邓小平同志特意走到养源斋古色古香的庭院中迎接女王，他笑容满面地对女王说："能请你们来我很高兴，请接受一位中国老人对您的欢迎和敬意。"双方进行了非常亲切友好的谈话。

午宴时还有一个很有趣且非常动人的小插曲。大家都知道邓小平同志烟瘾不小，平时在人民大会堂会见外宾时也吸烟，有时一支接着一支。但当他了解到女王对烟味过敏后，在整个会见和宴请女王的活动中，前后两个多小时，他竟然一支烟都未吸，表现出对客人的礼貌和尊重以及自制力，这令在场的所有中外人士都十分感动。特别是午餐主菜吃完后，要上甜食和咖啡了，这时，女王可能发现烟不离手的邓小平同志居然还没有抽烟，她微笑地对坐在长条餐桌对面的邓小平同志说："邓小平先生，您现在可以抽烟了。"邓小平同志笑了笑说："谢谢，我现在不抽。"在场的人都笑了。这是一个多么温馨和令人感动的场面。女王访华结束后在给邓小平同志写的感谢信中还特别提到此事。她写道："但愿未吸一支烟没有使您太难受！实际上我们不会介意的，但我们仍非常感谢您的好意。"

女王访华非常成功。访华结束前夕，她在"不列颠尼亚号"皇家游艇上举行了告别宴会。宴会结束前，女王在外交大臣杰弗里·豪的陪同下接见一些社会名流。外交部礼宾司司长通知我说女王也要接见我。女王接见我时对我说，她和菲利普亲王非常高兴由我全程陪同做翻译，我是一个令人愉快的陪同人员，非常出色。女王还送给我一枚纪念章和一张有她和菲利普亲王签名的照片。她转身微笑地对外交大臣杰弗里·豪说："张女士在访问中给了我不少有趣的信息和建议。"后来外交部礼宾司还转给我女王私人秘书奉女王之命写给我的感谢信。

亲爱的张女士：

　　我奉女王之命写这封信，向你表示女王陛下和爱丁堡公爵最热忱的谢意，感谢你完成翻译任务的方式。在一个国事访问中，没有什么工作比你作为翻译担任的责任更重要了。女王陛下认为你的工作尽善尽美。女王陛下和爱丁堡公爵都十分欣赏你的陪同，尤其感谢在访问中的各种场合你所给予的智慧和有益的建议。

　　我愿在此也表达王室工作人员对你的感谢和良好祝愿。我希望，并且我们大家都期盼不久我们在伦敦再见。

你的诚挚的，
罗伯特·菲洛斯

女王访华一年后，1987 年 12 月，英国巴斯大学授予我荣誉硕士学位，以表彰我为推动中英关系发展做出的"出色的工作"（distinguished work）。

1987 年，巴斯大学授予笔者学位的仪式

1987 年 12 月 23 日，《泰晤士报》刊登了巴斯大学授予我荣誉学位的照片，照片下方的说明中介绍我是女王陛下和撒切尔夫人访华期间的翻译。

THE TIMES WEDNESDAY DECEMBER 23 1987

Chinese interpreter honoured

Madame Zhang Youyun, the cultural counsellor who interpreted for the Queen and for Mrs Margaret Thatcher during their visits to China, after receiving an honorary Master of Arts degree at Bath University yesterday. On her immediate left is Mr Ji Chaozhu, the Chinese Ambassador, next to Mr Mingjiang Song, Madame Zhang's husband (Photograph: John Rogers).

1987 年 12 月 23 日，《泰晤士报》刊登笔者获得学位的照片

1987 年 12 月 24 日，我收到了唐宁街 10 号首相官邸寄来的信，是撒切尔夫人写来的，她在信中说：

亲爱的张女士：

　　我很高兴得知巴斯大学授予你荣誉学位，并在《泰晤士报》上看到了你的照片。这又使我想起了女王访华时许多愉快的回忆。请接受我热烈的祝贺。

你的诚挚的，

玛格丽特·撒切尔

收到撒切尔夫人这封信太出乎我的意料了，没想到以"铁娘子"著称的她还有这一面，这真是一个非常意外的惊喜。1990 年，我结束使馆任期回国前夕，又收到了英国副首相兼外交大臣杰弗里·豪写给我的信。他在信中说："我通过翻译或在翻译的帮助下参加过许多谈判。翻译的角色永远是重要的。但我认为，没有哪一次的成功像香港谈判这样，在这么大程度上归功于翻译，你在香港谈判中起了十分宝贵的作用……"他最后还写道："我还清楚地记得，1986 年女王陛下对中国进行国事访问时你作为翻译做的出色工作。你为访问的成功做出了很多贡献。"

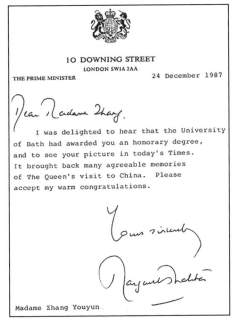

1987 年 12 月 24 日，撒切尔夫人给笔者的信，恭贺笔者获得巴斯大学荣誉硕士学位

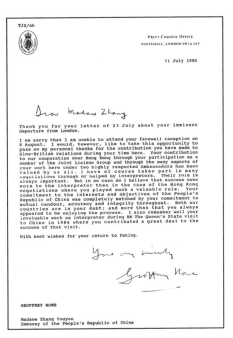

1990 年 7 月 31 日，英国外交大臣杰弗里·豪给笔者的信

　　这些美好的回忆都藏于我的心中。我把这些夸奖看作不仅是对我个人工作的肯定，更重要的是对在国际交往中翻译工作的重要性所给予的肯定。

　　中英香港谈判还有一个重要成果，那就是它为双方培养了不少人才。当年英方几个中青年外交官后来都先后被派往北京担任英国驻华大使。外交部法律专家史久镛同志参加香港谈判后出任了国际法院的法官，后来又高票当选为国际法院院长。吴红波同志在香港谈判期间是我小字辈的同事，和我一起担任翻译工作。后来他出任中国驻德国大使、联合国主管经济发展事务的副秘书长等重要职务，2019 年又被任命为中国政府的首任欧洲事务特别代表。

学习充电

　　1990 年年底，我从英国使馆任职期满回国后不久参加了中央党校的学习班。参加工作 30 年（其中还经历了"文革" 10 年），自己都没有机会集中时间静下心来认真读点书。党校的那段学习对我来说是很有必要的，是一次很及时、很重要的充电机会。那段学习使我特别受益的是，在深化对时代发展趋势和中国特色社会主义认识的基础上，需要用辩证唯物主义和历史唯物主义的观点结合工作实际对自己的思想和工作进行梳理并进行比较深入的思考。此外，这次学习使我有机会同来自不同地区、不同领域的学友相互交流，共同探讨。在学习交流会上，我记得学友们让我分享在驻英使馆工作 5 年的体会，我重点结合撒切尔夫人实行私有化和对工会实施高压政策谈了我对撒切尔主义的认识。通过学习，我对自己也有了更清楚的了解，提升了历史思维、辩证思维和系统思维的自觉性和能力，增强了全局意识和战略性思考意识，在分析问题时更加注意某一事物和其他事物、局部和全局的关系。这次学习对我后来到劳动部主持外事司的工作以及到国际劳工组织任职都起到了重要的指导作用。

1991 年，在中央党校学习时和部分学友合影。右一为笔者

第三节　再次改行

劳动领域年长的新兵

　　1991 年，我在党校学习期间，外交部领导找我谈话，说劳动部领导请外交部支援，希望推荐一名干部到劳动部过渡半年后到国际劳工组织任职，接替在国际

劳工组织担任助理总干事但即将退休的那位同志。在几名候选人中我被劳动部挑选上了，他们希望我积极考虑。我当然接受了这个挑战性的安排，那年我已经51岁了，对这个年龄段的人来说，这样一个职业转换不可谓不大，这意味着我要从工作了将近17年的自己比较熟悉的外交翻译领域转到此前没有接触过的劳动领域，一切再从头学起，从头干起。去劳动部前，部领导告诉我在劳动部熟悉半年劳动业务，不担任任何职务，然后去日内瓦接替那个高级职务的同志。但当我到劳动部干部司报到时，司长告诉我先去外事司上班，担任外事司第一副司长兼劳动部国际劳工研究所所长。干部司司长的这番话把我弄糊涂了，我把外交部领导交代我的任务转告了她，而且特地说明外交部领导交代我不担任任何职务。干部司司长说关于我的安排是劳动部阮崇武部长亲自决定的，让我安心在外事司干起来。关于兼任国际劳工研究所所长一事，她叫我不必担心，有宋晓梧副所长实际负责全面工作，我只是挂个名而已，主要是出于日后推荐我到劳工组织工作的考虑。我听后当然感谢组织对我工作安排的周密考虑。

当时正值劳动领域进行力度很大的改革，涉及劳动法的制定和劳动领域的诸多方面，急需学习和借鉴国际经验。为了做好工作，我必须尽快熟悉劳动领域的业务。幸运的是，我得到了劳动部领导亲切的关怀以及业务司局同事们的热心支持和帮助，特别是就业司的同事们，他们还邀请我参加农村富余劳动力转移就业试点的国家级项目。这个项目的一个主要目的是研究政府如何发挥主导作用，为农村富余劳动力的有序转移就业创造有利的政策环境和建立城乡衔接的劳动力市场。参加这个项目使我有机会到安徽、山东等省接触改革实践的第一线。在那里，我感受到正在涌向农村的改革浪潮释放出了越来越多的农村富余劳动力，他们要走出农村，他们要就业。同时我看到，长期存在的城乡二元结构使得我们这方面改革的步履十分艰辛，涉及的问题太多，是个庞大的系统工程。在过去，我对基本国情了解不深、不透，此时有机会补课，我很珍惜这个难得的机会，越学越觉得有意思，越学越觉得自己需要学的东西太多。有一次，大概是我到劳动部工作半年以后，阮部长问我到劳动部工作的体会。我不假思索脱口而出回答说："我感到特别充实，觉得自己的双脚现在站在祖国的大地上，不是悬在半空。我对改革的必要性和复杂性也有一些体会了。"这是我从心底深处迸发出来的感受。阮部长听了后很高兴地说，劳动工作大有干头。那时，国际上大的形势和我国同劳工组织的双边关系仍然严峻，劳工组织甚至还冻结了我国和苏联在劳工组织里的两个助理总干事的高级职位。在政治层面解决这个问题，当然属于劳动部同劳工组织交涉和斗争的范围。在个人层面，原先组织安排我在劳动部"过渡" 6 个月，然后去日内瓦任职的安排显然不可能了，甚至可能已成为泡影。但就我本人来说，这丝毫没有影响我的情绪，因为我感觉在国内劳动领域工作很有意义，非常充实，对原先只有外交工作经历的自己来说是一个难得的补充。我觉得我很幸运，因为不是很多人都有这样的机会的。随着时间的推移，我更加深切地感到，对国情有深刻的了解，无论在国内还是国际上，是做好工作的基础。特别是现在进入了新时代，时代对我们提出了更高的要求，我们对国情和世情应有更好的了解，才能做好工作。

外事司改名

1992 年 6 月，劳动部外事司司长赴中国常驻联合国日内瓦代表团任劳工参赞，我被任命为外事司司长。那时外事司编制不大，主要是忙于整个部里各个司局和部属单位的迎来送往、领导会见的礼宾和翻译安排等所有的"涉外"工作。司里同志和我都想改变这个状况，想尽量多地把我们的工作同业务司局的工作结合起来，更好地为劳动领域的改革服务。我和几位处长们商量后决定走出外事司，上门到业务司局，同他们座谈，了解他们对出国考察的需求，对他们拟考察的国家我们也尽可能地从旁协助提供力所能及的信息服务，一改过去组团出国考察缺乏计划性和随意性的情况。我们的主动行动（initiative）得到了业务司局同志们的肯定和欢迎，也使我们之间的工作关系和相互配合更加紧密。同时，我在外事司提出"团结奋进、开拓进取"的精神，以此激励自己和同志们一起共同努力工作。有一次，我向部长请示，建议将外事司改名为国际合作司，以便更准确反映我们司的工作职责。部长觉得我的建议有道理，但说现在还改不了，因为改名字要报中央机构编制委员会办公室批准，部里正在准备报编制方案，走程序可能前后需要一年左右。鉴于此，我建议采取变通办法：我们在印外事司材料和个人名片时，中文一律仍保留用"外事司"，外文则翻译为国际合作司（Department of International Cooperation），因为外文是给外国人看的，让他们一看就知道我们是进行国际合作的，不是"外交、外事"（foreign affairs）部门。部长同意了我的建议。我们就这样去执行了。

我在劳动部国际合作司前后工作了两年多。这是我首次主管一个司的工作，而且是"双肩挑"，既是司长，同时又是国际合作司党支部书记。当一把手与当副职或做业务骨干是不一样的。一把手要负责全面工作，"双肩挑"更是既要抓思想又要抓业务。当好一把手确实不容易，我也是边干边学。我在劳动部得到的锻炼是多方面的，我对劳动部的领导和同事们深怀感激之情。当然在工作中我也不可避免地遇到过一些烦心的事。有些事，因为你处的位置和肩上的责任，你必须坚持原则，要有态度，不然就会酿成大事。有一段时间，我因工作上的一些问题，前后有几个月，自己内心非常苦闷。有一天劳动部机关党委副书记到我办公室找我谈话，说有人写信举报，反映国际合作司和我有违纪行为，要我做出说明。正好，我有一肚子的话要对党组织讲。这位书记态度和蔼公正，我和盘托出，她很耐心听我说，我们的谈话变成了谈心，从上午 11 点左右一直谈到下午将近 2 点，两人午饭都没有吃。跟党组织谈了以后，我心里舒坦多了。我后来了解到，机关党委的同志还找了国际合作司不少同志了解情况。

后来劳动部表扬先进单位，我没有想到国际合作司还作为先进单位与部办公厅一起受到全部表扬，部里还将国际合作司党支部作为劳动部先进党支部推荐到中央国家机关党委接受表彰。《中国劳动报》在头版对国际合作司进行了报道。我本人不知道我原本还被评为先进党员，直到表彰大会前两天张左己部长把我叫到他的办公室，对我说他在报上来的拟表彰的先进党员名单中把我的名字删掉了："你头上的荣誉已经不少了，国际合作司是先进单位，支部又是中央国家机关党委表扬的先进党支部，你是'双肩挑'，这两个集体荣誉分量就够重了，这是集体的荣誉，也是你个人的光荣。所以我把你从先进党员的名单中删掉了，把机会让给了别的同志。相信你是不会有意见的。"听了张部长的这番话，我十分感动，我觉得这是领导对我的真正关心和爱护。我感到温暖，也从中受到了教育。

在劳动部主持国际合作司工作期间，我每年除作为中国代表团秘书长参加国际劳工大会外，还要两次率团代表劳动部参加国际劳工组织理事会会议，并在会上作为中国政府代表发言。1993 年春，第三次参加劳工组织理事会会议时，我和同事们商量，决定在一次全会发言时做两点小变化。第一个小变化是，我讲话的前一部分直接讲英文，主要的考虑是想改变一下其他国家的人对中国人英语讲不好的看法，后一部分仍讲中文，通过同传翻译，以免国际劳工组织减少对中国提供同声传译的人数。第二个小变化是，我方发言时，我将视情况对现场其他国家代表的发言做有限度的呼应，增加一点互动，但对我方发言不做任何实质性的改动，如增加"正如某国代表所说的""在这个问题上，中国代表团与某国代表持有相同的看法"。我掌握的原则是，对参会前在国内已请示批准的发言稿不做任何实质性改动，只是增加一点现场呼应，这一方面表明我们认真参会的态度，另一方面也"拉点关系"，为日后同一些代表的交流做点铺垫。尽管这是极小的动作，但收到的效果却还不错。那天当我开始用英语发言时，才刚讲了几句，就感到会场上有些人在左顾右盼，好像在找中国代表坐的位子，可能他们感到发言的声音与通常从同传箱子里传出来的不太一样，是中国代表自己在直接讲英语。会间休息时，有几位代表对我说，我讲的英语很漂亮，问我在哪里学的。当我回答是在中国学的时，他们都表示惊讶。还有一位非洲国家的劳工参赞特地走过来对我说："Madame, you are the star this afternoon."（夫人，你是今天下午的明星。）

韬光养晦，有所作为

从 1989 年下半年开始，我国面临的国际形势发生了很大变化，那几年国际劳工组织同我国的关系几乎降到冰点。国际劳工组织劳工局与我国的技术合作项目全部停止。我们遵循邓小平同志"韬光养晦，有所作为"的指示精神在国际劳工组织里有限地做些工作。每次我们去日内瓦参加理事会会议主要是就所谓的"中国案例"同劳工组织进行交涉，其他活动不多。

1994 年 3 月，劳工组织决定成立一个由政府、工会和雇主三方成员代表组成的专门委员会，为参加 1995 年联合国在丹麦首都哥本哈根召开的社会发展首脑会议（简称"社发会"）做准备。这是联合国首次举行的以社会发展为主题的首脑会议，主要围绕消除贫困、减少失业、增强社会和谐三大主题展开。这是一次非常重要的会议。

由于这次会议是由发展中国家发起的，我觉得中国是最大的发展中国家，我们应该争取成为劳工组织这个委员会的成员。尽管大的政治环境不利，但我们在理事会亚太政府成员组内与小组会员国的工作关系维系得还不错，这也使我对我国争取成为亚太政府成员组代表参加委员会抱有一定的希望。于是我积极在小组内游说，除了某一个国家，其他会员国都支持我们，我觉得我们进委员会问题可能不大了。但就在宣布委员会名单的前一天下午，亚太政府成员组组长澳大利亚劳工参赞突然约见我，告诉我理事会工人组主席刚向他转达了工人组反对中国进委员会的态度。鉴于当时国际上和劳工组织内部总的政治气候，亚太政府成员组组长只好表示小组注意到工人组的意见，将对小组代表人选进行重新考虑。我听完后对澳大利亚劳工参赞的努力表示感谢，感谢他对中国的友好和支持，对他的无奈表示理解，但转身我就跑到一个无人的会议室里，眼泪控制不住地流下来。我来回大步走，一边流泪一边口里不断重复说"韬光养晦，韬光养晦"，似乎只有用这种方式才能压住自己内心的愤慨和无奈！当时的心情真是难以用言语来表达。那时理事会里有两个工作委员会，都被那个国家以亚太政府成员小组代表的身份占据了，现在那个国家又要进这个委员会，而中国是最大的发展中国家，却一个委员会都没有进去，我觉得太不公平了。我自言自语道，邓小平同志讲的是八个字，"韬光养晦"后边还有"有所作为"四个字。我觉得要为改变这个状况而"有所作为"一下。我知道，这是外交斗争，不能意气用事，"斗"必须讲策略，要有理、有礼、有节。经过一番小博弈，最后，前面说的那个国家退出了国际劳工组织都灵培训中心政府成员组的代表席位。1994 年 3 月，都灵培训中心管委会换届时，我国代表成功当选为管委会副主任（政府组）。

我在劳动部国际合作司前后工作两年多，无论是参与国内劳动就业领域的改革和国际交流，还是在国际劳工组织平台上参与劳动世界的国际事务，都得到了很多的锻炼，对国情和世情都有了很多收获。我对就业作为民生之本、安国之策的复杂性、系统性，中国在经济社会转型期间就业问题的重要性和特殊性，以及中国解决方案的意义和贡献都有了切切实实的感受和感动，也丰富了自己在国际平台上应对形势变化的经验，提升了能力。我为自己参与了这个进程感到幸运和光荣。

第三章　我的国际职业生涯

第一节　国际劳工组织的任命

1994 年 6 月国际劳工大会期间，我作为中国政府代表团的秘书长陪同劳动部李伯勇部长会见劳工组织总干事汉森。会见快结束时，总干事对李部长说，他决定任命我为国际劳工组织女工问题特别顾问，并要求我于 9 月 1 日到日内瓦总部上班。李部长对这项任命尤其是担任这个职位没有思想准备，我国常驻联合国日内瓦代表团的劳工参赞事先也没有获得相关消息。李部长当场向汉森总干事表示中方考虑后再做回复。后来我听我国常驻联合国日内瓦代表团团长金永健大使讲，劳动部原本不想接受这个 offer（聘任），因为这个安排离中方要求相去甚远，中国自恢复在国际劳工组织的活动以来，在劳工组织高层中一直有一个助理总干事的职位，但因 1989 年后形势的变化，中国的这个助理总干事的高级职位遭到了"冻结"。现在劳工组织总干事给中国的这个女工问题特别顾问的级别只是 D1，比原先中国人担任的助理总干事职位低了两级，因此劳动部还想继续同劳工组织交涉，争取恢复到同以前级别相当的水平。但金大使的意见是，鉴于当时的形势和可预见的未来，建议劳动部还是考虑接受这项任命，他说，"先进去一只脚，总比不进去好"。再者，这个 D1 职位已是当时国际劳工组织和联合国其他机构给中国人的 offer 里的最高职位了。最后，李部长采纳了金大使的意见，同意了劳工组织做的这个工作安排。

就我个人而言，心情是复杂的。能到国际劳工组织工作，我当然高兴，但去了是做女工问题，我又不是很乐意。第一个原因是这个领域我从未涉足过，第二个原因（也是最主要的原因）是我当时觉得妇女工作干不出什么成绩来。但我没有别的选择，就这样我与性别问题结缘了，开启了我职业生涯中的一个崭新的征程，进入到一个我从未想过的新天地。

新环境　新挑战

一般情况下，到一个新的单位去工作，人生地不熟，总有一个熟悉适应的过程，这很自然。到一个国际机构里去工作，工作环境的变化更大，熟悉的过程会更长，这也很正常。当然，每个人的情况不尽相同，熟悉环境的时间和状况各异。但对我来说，作为一个老龄新手，到国际组织里去工作，特别是在最初一两年里，我遇到的困难相对而言比一般人可能更多一些，更集中一些，有些困难的程度可能更大一些。现在时代不同了，形势发生了很大的变化，年轻的一代同我们那时的情况很不一样了，在成长环境、知识结构、综合素质，以及为到国际组织去工作所做的思想上和业务上的准备等方方面面都有很大的不同。特别是在个人层面，差异可能更大。但我想，我那时遇到的困难和挑战，从内容到形式，可能在现在年轻一代的身上不太会再现，有些困难也许根本不会再遇到，而如何面对困难、逆境和挫折，如何使自己经受磨炼，在磨炼中变得强大，一些精神是相通的。本着这种态度，我希望通过此书能与读者朋友分享我在国际劳工组织工作的体会，和大家进行交流。

如何待下来

1994 年我初到日内瓦时，在劳工组织里工作的中国同事在生活上给了我许多帮助。

有位同志还把他的房子腾出来让我先住下。他比我小很多，跟我算是两代人，但他对我十分关心，后来在工作中还把他们处里的关心性别问题的外国同事介绍给我，给了我很多支持。特别是在我刚到一个新环境，人生地不熟，工作上面对巨大压力感到孤独无助的时候，这种同胞间给予的温暖特别珍贵。

还有一位同事同我分享了他的工作体会。他先我两年进入劳工组织，第一年处长没给他安排任何实质性的工作，只让他阅读几本有关就业的书和相关资料。

一年下来他做了不少笔记，年终时他向处长汇报阅读感受，谈他认为值得关注的观点和问题。当处长问他这些观点的出处时，他蒙了。虽然他读的材料很多，摘抄的观点不少，但就是没有严谨规范地记下出处。因此他只得从头再来。我很感谢这位同事的真诚分享，这提醒我在国际组织里工作，要特别注意规范和严谨，要更加注意专业性。我印象特别深的是，这位同事还说联合国就像一个大海，把你扔进去了，你就游吧，游得过去，是你有本事，游不过去淹死了，没人来管你。他当时讲话的神情和动作，我还记得非常清楚。这些年来，每当被问及在国际组织里工作的体会时，我就会很自然地想到这位同事和他的生动比喻。我想这一定是他经历了工作中的千般辛苦百般磨炼得出来的感受。他的结论可能太绝对了，但我在劳工组织里工作时，有时也确有类似的感觉。

多年过去了，现在我想换一个角度来谈。在国际组织里工作，压力确实很大，真的可以说是"压力山大"，有时甚至都觉得难以支撑。但往往也就是这样的工作环境和巨大压力才会把一个人的潜力给"逼"出来，并发挥到极致。关键是你要挺住，要坚持。我在劳工组织工作10年，在这方面有一些切身体会。我觉得在国际组织里，其实和在其他地方一样，干工作就是要自力更生，靠自己的主观能动性，靠视野和专业水平。当然这不是全部，不能光单打独斗，还要有团队意识和团队精神，这点非常重要，而且很多组织都把团队精神作为对其成员应具备的基本素质来做要求。但是就工作本身而言，自己职责范围内的事绝对就是靠自己做。我的体会是，在国内，当工作遇到困难时，还会有组织的关心和同事们的帮助，但在国际组织里，情况就不同了。千万不要寄希望于别人的同情、理解或安慰上，那些都无济于事，只会浪费时间。当工作遇到困难时，首先自己要沉着面对，充分利用自己的知识储备和经验，理清思路，沉着应对。最重要的是要相信自己，坚持不懈，永不放弃，没有过不去的坎。

仓促上任

1994年9月1日，我到日内瓦国际劳工组织总部报到。我的正式职务是国际劳工组织女工问题特别顾问，我的办公室，即女工问题特别顾问办公室，是负责整个劳工组织的性别问题的部门。我的级别是D1（相当于处级或副司级）。

我到劳工组织报到的第一天首先见了人事司司长。她对我表示欢迎后说，现在她同我的关系与我是劳动部国际合作司司长的时候不一样了，那时我们是国际劳工组织官员同会员国政府代表的关系，而现在我们则是劳工组织内部的同事了。然后她很简要但很正式地对我说，作为劳工组织的官员，必须遵守《联合国宪章》和劳工组织的章程，任何时候不能代表任何国家和群体工作。临结束谈话时，她说还有一个非常实际的问题需要马上解决，是有关称呼的问题。她讲在劳工组织里同事之间彼此不以先生或女士相称，只叫名字，从现在起他们就不会像以前那样称呼我为 Mrs. Zhang（张女士）了，她问我别人该如何称呼我为好。我想了一下，觉得直呼 Youyun（幼云）最为方便，但 Youyun 的发音对外国人来说很困难。我临时一想，觉得和中文"张"（Zhang）的辅音最近的英文女性名字是 Jane，于是我当即就决定用这个名字。后来一段时间里，同事叫我 Jane 时，我反应不过来，还闹出了一些笑话。那个时候中国人给自己起英文名字，特别像我这个年龄和身份的人很少。我在劳工组织用的名片上，中文一面印的是"张幼云"，英文一面印的是"Jane Y. Zhang"，一目了然，很方便。有的朋友跟我开玩笑说我崇洋媚外，其实这不过就是入乡随俗，取个容易上口的名字与别人拉近点距离而已，同时也方便了别人。现在的情况就很不一样了，很国际化了。许多小朋友上幼儿园时就起了英文名字。

边缘化的单位

在国际劳工组织里，女工问题特别顾问办公室是个被边缘化的、很不起眼的单位。名义上有一位副总干事分管，实际上工作无人过问，无人关心，所以工作起来困难比较多。办公室编制很小，只有一位秘书和一位负责资料的半日制秘书，没有配备任何专业人员。此外，还有两位荷兰政府派到劳工组织短期工作的 JPO（Junior Professional Officer，青年专业人员），在劳工组织叫助理专家。这样一个小部门是整个国际劳工组织性别问题对内对外联系协调的窗口（focal point），负责劳工组织总部和三个地区局（非洲、亚洲和拉丁美洲）及中东欧地区的女工和性别问题。这种状况从一个侧面也反映出，那时在国际社会（包括联合国各专门机构），性别问题不在主流工作的范围内，不像现在这样受到广泛重视。当时面对这样的职责和工作环境，如何开展工作，我心中无底。业务工作中有困难，我不怕，但有职无权，无资源又被边缘化，我发怵。我期待向我的前任取经，期待她同我分享工作体会，但她与我交接工作十分简单，主要就是说我们办公室要负责劳工组织参加 1995 年第四次世界妇女大会（简称"世妇会"）的筹备工作。关于劳工组织的性别项目和活动，她一句带过，说都在档案卷宗里，可以自己查看。对劳工组织在性别工作方面的总体目标和工作重点她没有做任何介绍和交代。她以这样的态度交接工作令我十分诧异，这种情况在国内绝对不可能出现。我很自然地想到在国内时，我从外交部到劳动部报到上班的情景，想到领导和同志们对我的关心和支持，我十分感慨。我在劳工组织工作了 10 年，确实感到工作氛围很不一样。在国际组织里，同事间主要就是单纯的业务关系，只谈工作，就事论事，思想不"见面"，没有"心"的交流。起初我很不习惯，因为长期在国内工作，即使在驻外使馆工作，使馆内的工作氛围跟国内也一样，我们有学习、开会，有组织生活，同志之间会交流思想。我记得有一次来日内瓦开劳工大会的李伯勇部长问起我在日内瓦工作和生活的情况，我说，在国内时，有时觉得开会开得太多了，嫌烦，到了劳工组织，不开会了，还挺想开会的。他听后哈哈大笑。后来我听国内来开会的同志说，李部长回国后同他们讲，这个老张（指我）真逗，出去了还想着开会。

我前任同我交接出现的情况虽出乎我的意料，但对我的情绪并没有产生太大的影响。因为说到底，女工问题特别顾问办公室是个最被边缘化的小部门，预算少，没有什么技术合作项目，研讨会也不多，要了解这个部门的工作并不难。真正难的是这样一个势单力薄的小部门却要承担整个劳工组织的性别工作大任务，这一"小"一"大"很不匹配，这是我觉得难的地方。再加上我没有与性别工作相关的专业背景，初来乍到，人微言轻，我能服众吗？特别是，我一上任就要负责劳工组织参加第四次世妇会的筹备工作，没有时间熟悉业务，工作不知从何下手。我一想到这些心里就发怵。

下定决心，干！

"压力山大"，面对困难怎么办？摆在我面前的有两条路：一条是凭良心干，"巧妇难为无米之炊"，能干多少就干多少，干到退休就回国；另一条就是既来之，则安之，不抱怨，一门心思干，还要争取干出点成绩。我受党和国家多年的教育和培养，又是个好强不服输的人，当然选择了后者。既然做了决定，我就要求自己绝不把时间和精力耗费在无谓的唉声叹气上，对别人的眼色、议论一概不去想了，努力做到"视而不见，听而不闻"。我采取这个态度的背后还有一个重要原因，那就是我自己心里清楚，在劳工组织里虽然我已不再是代表中国劳动部的官员，但我是中国人，作为中国人的一个代表，在困难面前我也绝不能退却，我绝不能给中国人丢脸，不能给中国丢脸。这个问题我想清楚了，心里也就更有定力了，在困难和挫折面前就有了坚持下去的决心和力量。

20世纪90年代中期时在国际机构里工作的中国人还不是很多，做同传和笔译的比搞业务的专业人员多。国际组织里的中国人在很多人的印象里要么专业行、外语不行，要么外语行、专业不行。那时，我也不例外。就劳动和性别领域来说我都属"非专业人士"。要改变这个现状就得拼，首先是从自身做起。我在比较短的时间里调整了入职状态，很快就心无旁骛地投入了工作。我抓紧时间熟悉劳工组织的规章制度和工作程序，集中了两周时间密集拜会各主要司局领导和重点处的负责人，同时也留心发现合适目标，为日后工作多接触打基础。那一段时间我废寝忘食、夜以继日地阅读关于性别和劳动领域的相关材料，特别是世妇会的背景材料，我读得尤为认真。虽然英语是我的强项，但我在阅读材料时，仍然做两种笔记：一个是专业笔记，摘记性别问题的概念、历史背景、全球和区域的关注问题等；另一个是语言笔记，记国际通用的和标准的英语表达，我要求自己说的和写的东西尽量做到既要有有价值的内容和观点，又要表达得标准地道，尽量少一点 Chinglish（中式英语）。

刚上任时，除了感到时间紧、任务重，被工作压得喘不过气之外，在如何处理与同事的关系上我也处在一个很不适应的状态，而且有时还会碰到一些不愉快、令人生气的事。我在工作上打交道的同事，大多是欧美西方发达国家的同事，少数几个发展中国家的同事也大都是英美名校毕业的。他们绝大多数都在劳工组织工作多年，业务能力强，经验丰富，而且都有经济、法律或社会学方面的专业背景，而我主要只是有外交领域的工作经验，刚刚涉足劳动领域，而且主要是在国际交流方面，我能服众吗？我知道他们对我抱怀疑态度，都在观察我，这很自然，我可以理解。但有个别人的态度，我就觉得难以接受了。有一位就业司的同事，她是劳工组织里就业和性别问题高级专家，出过专著，获过奖，身上一股高冷傲气，自我到劳工组织上任后一直对我不太友好。后来我了解到，原来这位高级性别专家认为女工问题特别顾问这个职位换人时，她是最合适的人选，是我挡住了她的职业发展之路。在相当长的一段时间里，尽管她是这种态度，我还是要求自己尽量不去计较，尽量理性对待。在工作上，当她作为就业司项目主管开发的一个女性就业项目遇到经费困难时，我作为女工问题特别顾问，从劳工组织性别项目的全局考虑，决定从我办公室预算中挤出经费给予支持。我的这个行动是她本人没有料到的，也超出了其他同事们的想象。人事司司长得知后，还特地到我办公室来表示赞赏。我的这个做法赢得了同事们的尊重，对她本人也是个教育，而我则把这件事当成我的一次修炼，我想这体现了我们中国人的大度和胸怀。10年后，在我即将从劳工组织退休回国时，有一天这位同事特地来到我办公室对我说，这些年来，她感到特别高兴的一件事就是认识了我，从相识到相互了解，到成为朋友，她感谢我对她的支持。其实，我也注意到了她的一些变化。她那种咄咄逼人、自以为是的孤傲性格和行事作风使她在和同事的交往中给自己设置了不少障碍，吃了苦头，两次总干事决定提拔晋升的人员名单中都没有她，我想她也一定吸取了教训。在我从劳工组织退休前的三四年里，她在做性别项目，特别是中国项目时都主动来征求我的意见，项目执行过程中我们配合得也较之前顺畅。我回国前，她还牵头为我组织了欢送会，送了我一张特大的"Good-bye"卡片，上面写满了同事们给我的临别赠言，十分温馨，让我很感动。这些都是她组织联络的。

性别平等的第一课

　　启动劳工组织参加第四次世妇会的准备工作，是我面临的最大、最紧迫的挑战，但同时眼前还要应对一些必须要处理的事。譬如，我9月刚到劳工局上班，还没有完全安顿下来，11月就要到维也纳参加世妇会的欧洲筹备会，然后又要赶到塞内加尔参加非洲世妇会的筹备会。以前我在外交部和劳动部工作时曾多次参加国际会议，有一定的经验，但这次不一样，因为身份变了，这是我第一次以国际劳工组织女工问题特别顾问的身份参加会议，是我的debut（首场亮相）。会上我还要代表国际劳工组织发言，心里当然感到忐忑不安，特别是想到NGO（非政府组织）性别问题积极分子们当场可能会提问题，要我回答劳工组织对这些问题所持的态度，我心中就更没有底了。我除了抓紧时间认真阅读筹备会的材料外，还同时恶补了我认为与性别问题有关的国际公约和国际劳工标准，并结合从业务司局索要的几篇资料和劳工组织的关注点做了笔记。我对可能会被问及的问题绞尽脑汁做了些准备。

参加欧洲筹备会的过程比我预想的要顺利，没有出现尴尬局面。会议期间我还主动接触了总部在欧洲的几个联合国专门机构中负责性别工作的同事，主动同她们建立了工作联系，这也使我心里感到踏实多了，同她们联系有助于我了解和借鉴她们的机构备战世妇会的情况。这次会议我的另一个收获是，我对东欧国家在20世纪90年代剧变后的国家转型期间各种社会矛盾的激化以及性别不平等问题严重加剧的状况增加了了解。给我深刻印象的是，会上许多发言者都说因为经济私有化，许多妇女丢掉了工作，又重回家中当家庭妇女了。那些留下来工作的妇女，工作条件和权益保护都远不如过去。她们说她们正在丧失她们母亲那一辈曾经享受的权利。她们感到无助，也无能为力。她们的处境对我有很大的触动。

去塞内加尔参加非洲的筹备会对我来说也是一次很有意义的经历。我在外交部工作时曾到过非洲许多国家，不仅是非洲大陆的东部、西部、南部和北部的许多国家，甚至印度洋上的马达加斯加、塞舌尔、毛里求斯我都去过，但都是在领导人出访时以翻译的身份去的。这次参加非洲片区的会议使我接触到了更加真实的非洲，看到了贫困以及贫困造成的落后，使我对消除贫困是国际社会，特别是发展中国家，尤其是非洲的第一要务有了深切的体会。

在塞内加尔开会期间，劳工组织在塞内加尔的项目负责人曾表示他可以利用会议空当陪我参观旅游景点，我谢绝了他的好意，但请他带我去看他的项目。他没想到我会提出这个要求，但很高兴地答应陪我一同前往。这是一个减贫增收的项目（income generating project），项目在离海边不远的一个渔村。妇女们把捕捞起的海鱼经过简单的烘烤和沙埋处理烘干，然后送到集市上去卖。项目技术含量不高，但能给妇女增加收入，所以还是很受欢迎的。到达项目点时，我看到二三十位衣衫褴褛的妇女，有的甚至袒胸露背，在烈日下汗流浃背地烘烤海鱼。有几位妇女还把年幼的孩子带在身边，放在她们晒床旁的地上以便于随时照看。这种工作场景和工作条件，如果不是亲眼所见，很难想象。看到此景，我心里感到很沉重。而她们还不时地发出爽朗的笑声，我真的很佩服这些劳动的非洲妇女。我看见在远处大树下有一群男人围在一起，不知他们是在打牌还是在玩什么，我感到奇怪。项目主管告诉我，经济不好，没工作可干，这些男人就歇在家，妇女干的这些活，他们又不愿意干，说不是他们男人干的活。太阳快下山了，这些妇女收工回家，项目主管就把我带到项目的工作室和她们见面交谈。当我再看到她们时，我简直不敢相信自己眼前这些身着艳丽的非洲特有服饰的妇女就是我在项目点看见的那一群人。她们热情地向我介绍说这个项目把她们组织起来成立了合作社，给她们带来了收益和变化。我问她们增加的收入怎么花，她们说主要用来给孩子交学费，看病买药，而孩子们的零花钱都是找她们要而不是找他们的爸爸要了。这些妇女张口闭口全是孩子和家庭，让我看到女性特有的爱的天性和无私，也体会到为女性创造有收入的就业机会对家庭的福祉来说太重要了。在我们即将上车返程时，几个妇女又跑到车边对我说："We like you. We know you work for us."（我们喜欢你，知道你是为我们工作的。）她们还想要我到她们的"车间"去，说还有东西要给我看。原来，她们通过项目学会了技术，能够制作合乎标准的果酱和肥皂了，她们制作的产品除小组成员自家用外还送到集市上销售。告别时她们依依不舍，热情地送给我果酱和肥皂。回来的路上，我满脑子全是这群妇女的形象，耳边一直响着她们对我说的话："We like you. We know you work for us."她们的朴实和真诚深深打动了我。特别是"We know you work for us"给了我极大的

2001年，在桑给巴尔考察女性就业状况。前排左三为笔者

激励和鞭策，给我作为国际劳工组织女工问题特别顾问的工作职责和意义上了生动的一课。我感谢这些可爱的非洲妇女。

这两次参加世妇会筹备会的收获是我未曾料到的，实际上为我启动劳工组织参加世妇会的筹备工作做了一个很好的铺垫。对我来说，更重要的是，我觉得我的工作更有意义了，也增强了干好工作的信心。

世妇会的准备工作

负责国际劳工组织参加第四次世妇会的组织协调工作是我在劳工组织第一年里最重要的工作，我的一切也都以这个为中心。我承受着巨大的压力。我觉得别的联合国专门机构的世妇会的准备工作都在百米冲刺了，只有我还站在起跑线上。我只能拼命了。我决定在大会召开前这一年不买车，只坐公交。我知道要是买了车，开车时我肯定注意力不集中，一旦走神就容易出车祸。尽管手痒想买车，但还是克制住了。

启动参加世妇会的准备工作时，首先我订了一个计划，由五部分组成：（1）设计一张国际劳工组织的宣传画，体现劳工组织的性别问题立场；（2）以理事会名义出一个声明；（3）在参加大会期间由劳工组织办一个展台；（4）准备劳工组织代表团团长在大会上的讲话稿；（5）做好劳工组织的内部协调准备工作。我给自己定了一条总原则：利用世妇会召开的机会，借机造势，在会上要听得见劳工组织关于劳动领域性别问题的声音。在微观"小我"层面，争取借机在劳工组织内部为性别问题造势，并顺势改变女工问题特别顾问办公室的边缘地位。为此，我心里清楚，工作方式方法非常重要，不能把准备参加大会的工作仅仅看成是单纯的一项活动、一些事务性的安排而已。另外，我的办公室一定不能单打独斗，不包揽一切，也一定不能闷声不响地做。想清楚了准备工作的这个原则和框架，我心里就踏实多了。

我订的计划中的第一条是设计国际劳工组织的宣传画，这个想法是受联合国妇女发展基金（UNIFEM）的一幅宣传画启发的。那幅画上有妇女和儿童的形象，醒目地写着"To Educate a Woman Is to Educate the World"（让妇女受教育就是让世界受教育），言简意赅，短短的几个词就表明了女性受教育的意义，让人去体会和领悟女性天生的母爱和胸怀。这幅画内容好，文字也好，我深受启发。我想国际劳工组织参加世妇会最好也设计出一张宣传画和一个口号，体现其在性别问题上的立场。当时没有人可以商量，我刚到劳工组织，与同事又不熟，我就自己一人仔细阅读相关文件和资料，结合劳工组织的关注点，反复琢磨。最后我选择在无报酬劳动这个问题上做文章，突出无报酬劳动的价值及其对女性的影响。我琢磨出了一句话来概括我对这个问题的认识："Every woman is a worker, whether at home or in the workplace."（不论是在家里还是在工作场所，每个妇女都是劳动者。）通过这个表述我想说明，无论是在家中还是在工作场所，每个妇女都是在劳动着，要充分承认女性承担人类繁衍角色（reproductive role）的价值和意义，在家照顾老人和小孩的无报酬劳动也是工作，应得到尊重和承认，女性因在家劳动而受到歧视是不公正的。根据国际劳工组织第 100 号公约同等价值的工作同酬的精神，我们应当呼吁对无报酬劳动价值化，并在 GDP 中反映出来。我同几位同事交换了意见，她们也很认同这个表达方式。最后我们把这句话浓缩为："All women are working women."（所有的妇女都是劳动者。）我们还将其作为国际劳工组织参加第四次世妇会的一个立场表述，突出对无报酬劳动的重视以及对女性贡献的认可和尊重。我们把这个口号的英法西三种文字印在宣传画和文件袋上，和劳工组织其他宣传材料一起在会上广为散发，受到了参会者的热烈欢迎。英美几家大报纸都做了报道，美国的希拉里还选定在以这个口号为背景的劳工组织的展台前接受美国有线电视新闻网（CNN）的采访。

我计划中的第二项是劳工组织参加世妇会的重头戏，我想争取让理事会通过一个声明祝贺世妇会的召开，讲述劳动世界中性别问题的现状，并对如何面对挑战提出劳工组织的建议。因为 1975 年第一次召开世妇会时，劳工组织对女性在就业、收入等方面遭受的不平等和歧视做过统计和研究，为国际社会了解和重视妇女问题做出了贡献。自那以后，一二十年过

为第四次世妇会准备的国际劳工组织
"所有的妇女都是劳动者"的宣传袋

去了，这个光荣的传统没有很好地得到延续传承。这次世妇会上，劳工组织应该再次就劳动世界女性的状况发声，呼吁国际社会重视劳动世界的性别问题。我知道加拿大政府代表团团长是个资深的劳工专家，而且有很强的性别意识，可以称得上是个性别问题专家。于是我就主动找她，说明希望和她一起在理事会上推动声明一事，她欣然同意并表示愿意起草声明，我真是喜出望外。我们对声明稿草案反复讨论修改了三次，在提交到理事会之前，又在副总干事办公室里最后定稿。一切准备就绪，我觉得声明获得通过问题不大了，未曾想到，在理事会上讨论时却遭到了雇主组主席临时指定的发言人的反对。这位发言人是一位女性，一向以态度强硬著称，在理事会已经很有名了。她即将退休，这是她退休前最后一次参加理事会。她反对劳工组织发表声明，但又说不出反对的具体理由，只是在那里搅局。根据劳工组织三方协商一致的原则，由于她代表雇主组一方反对，这个声明就只能搁浅了。就这样，我们辛辛苦苦准备的一个声明就被她这一票给否决了，前功尽弃。大家都感到遗憾，尤其是我，感到特别失望，我计划中的重头戏告吹了。这位雇主组临时发言人身为女性，对劳动领域的性别歧视和不平等采取这样冷漠的态度实在令人费解。所以后来我常说，不是身为女性就本能地具有性别意识，或者就会自觉积极地推动性别平等的。性别意识是需要培养，需要"觉悟"，需要提升的。

在劳工组织内部这个层面，我的计划是要借世妇会准备工作之机造性别问题之势。在为大会做准备工作时，我首先给自己做了思想工作。我想，虽然现在是在国际机构干，环境变了，但工作时我还是一定要保持自己在国内那种拼命的劲头，一定不能让自己受女工问题特别顾问办公室边缘化状况的影响，不能抱着一个弱者的心态瞻前顾后、缩手缩脚地去工作。我还定下一条原则：世妇会的准备工作一定要让业务司局参与进来，我的部门主要集中做好组织协调工作，一定不能单打独斗。为了在劳工组织内部造声势，我计划在我的办公室里组织一个小型展览。我以特别顾问办公室的名义通知各业务司局和地区局积极参加劳工组织的准备工作，并要求他们提供有关性别问题的研究报告、工作文件和项目成果，为在世妇会办劳工组织展台先做试展。同时我还让两个助理专家协助临时聘用的专家负责组织编写介绍劳动世界性别问题的综合材料和宣传手册，阐述劳工组织的立场和观点，并请了专业公司设计和印刷。

在办公室办展览在劳工组织里没有先例，大家看了后反应不错。副总干事和人事司司长也来了，肯定了一番。这次活动给各司局的性别问题积极分子们也鼓了劲。鉴于这次效果还不错，我萌生了一个念头，我想以后等条件成熟时，每年办一次展览，全面汇总劳工组织总部各业务司局和地区局在女工问题和推动性别平等方面开展的活动、项目和进行的研究，有利于信息沟通和交流，也自然能提升女工问题特别顾问办公室的地位和沟通协调能力。这个想法后来还真的实现了。1998年，来自智利的索马维亚先生当选为新一任国际劳工组织总干事，他非常重视性别工作，非常支持性别工作。从1999年6月开始，性别平等局每年在劳工大会期间像几个主要业务司局一样，有一个专设的展台，向参加劳工大会的各国三方代表综合展示和宣传整个劳工组织在推动性别平等和主流化方面取得的成果。这件事看起来不大，但与以前性别项目"零敲碎打"、女工问题特别顾问办公室被边缘化，以及国际劳工组织重大活动中性别问题缺失的情况相比，真是今非昔比，不由令人感慨良多。

起草理事会文件

1995年9月底世妇会后，会务司通知我，11月召开的理事会上有一项议程是讨论劳工组织关于第四次世妇会的后续战略，要求我10月底给他们交稿。后续战略非常重要，需要认真对待。但会务司制定理事会议程时，根本没有向我了解情况、征求意见，就决定了后续战略上议程的事。议程一旦定了，当然就只能照章办事，通知我写战略、交文件，这样他们的任务就完成了。我对这种做法有意见，便同我的上司玛丽谈了我的看法，她身为主管性别工作的副总干事竟然也不知道这次理事会有此项议程。她听我讲了情况后只是笑了笑说，要你写，你就写吧。我想可能她在国际机构待得太久，对这种情况早已习惯了。

尽管对这种做法有看法，但我必须按规矩办事，必须认真对待后续战略被提上议程讨论这件事。我把提交后续战略看成我必须参加的一场大考，一定要尽最大努力交出一份合格的答卷。虽然我在外交部曾多次参加国际会议，但都是以翻译身份参会的。后来我作为中国劳动部政府代表参加劳工理事会，也没有起草文件的经历和经验。现在要向理事会提交后续战略，我手下又没有业务助手，我从内心深处感到孤独无助，觉得已超出我能力承受的极限了。那一段时间我天天感到深受煎熬，压力大时，真想大吼几声发泄一下。但我又不能在公寓楼里大叫，以免引起邻居的误解，所以每当自己觉得憋得慌想大吼时，我就一大早到办公室去，把门窗关得严严的，趁同事们还没来上班，一个人就在办公室里"仰天长啸"大吼几声舒缓解压。

离提交文件的日子越来越近了，但我脑中的战略框架还不清晰。有几个平日接触较多的同事想帮忙也插不上手。他们的专业水平都不错，擅长项目设计和活动安排，但我觉得他们容易见树不见林，战略性思维还欠缺一点，而现在需要的是战略，不是项目设计或活动安排。既然是战略，我想首先对后续战略要有个总体和全局的把握。以前我在劳动部主持国际合作司工作时曾做过年度工作计划，但一个部门的工作计划和一个国际机构的总体战略是两个不同的东西，不在同一个层面上，女工问题特别顾问办公室也没有制定战略的历史和经验可供我借鉴。那一段日子，我处在高度的紧张煎熬之中，真是度日如年。

有一天突然灵感来了，我想可以在北京世妇会《行动纲领》的12个重点领域同国际劳工组织的职责授权之间建立连接点，在这上面做文章。我从《行动纲领》总框架的12个重点领域中挑出了"妇女与贫困""妇女与经济"和"妇女的人权"三大领域，与劳动世界的就业、工作条件、劳工标准三大领域对应结合起来，作为相互关联的一个有机整体来考虑，全局把握后续战略。思路清楚以后，我感到豁然开朗，如释重负。这个后续战略从指导思想、后续内容到语言一气呵成，稿子完成后，连我自己都感到不可思议，自己也被感动了，觉得这真是来之不易。后来平静下来一想，这不就是一年来自己全身心投入世妇会的准备工作，在工作中刻苦学习、认真思考、经受磨炼的成果吗？我体会到成功有时就存在于最后一下的坚持和拼搏之中，这往往是一个痛苦和煎熬的过程，但也是一个成长和收获的过程。

我把后续战略的稿子如期交给了会务司。理事会上，我首次以女工问题特别顾问的身份正式亮相。我坐在主席台中央，心中感到忐忑和紧张：提交的后续战略是众矢之的，会顺利通过吗？会像世妇会前准备的那份声明一样遭遇被否决的命运吗？我无法预测。我仿佛都听到了自己怦怦的心跳声。但一进入议题讨论，我倒平静了，显得很从容，因为说到底，我对提交的战略心中是有数的。我介绍了后续战略的内容，回答了政府组、工人组和雇主组提出的几个问题，后续战略在理事会得到顺利通过。此时，我内心的激动真是难以用言语来表达，因为这一刻，我觉得自己经历再多的磨难都是值得的。

　　这件事对我个人而言，具有里程碑意义。它标志着我对劳动世界里性别问题的认识和把握由单个的、具体的点的层面提升到了一定的整体层面。尽管还是初步的，但这一步很重要。经过在劳工组织里一年多的顽强拼搏和制定后续战略的艰苦磨炼，我感到工作方向清楚多了。虽然前面的路不会平坦，困难还会很多，但我对自己更有信心和底气了。同时我看到了自己的相对优势，我对自己的职责也做了比较明确的定位。作为女工问题特别顾问，我首先是个管理者、领导者和组织协调者，这就要求我善于抓全局性和战略性的问题，不能陷到具体问题里拔不出来，不是追求自己去当就业专家或劳工标准专家，但同时又要求我对劳动领域里的各个方面和关键问题都必须有相当专业的了解和把握。我对自己的工作定位和比较优势的这个认识对我后来积极主动、大胆地开展工作起了重要的作用。这次后续战略的制定，也使我赢得了不少同事对我主管性别工作的能力和水平的认可和尊敬。理事会讨论后续战略时，好几位不同部门的同事都来旁听了会议。还有两位同事（其中一位是总干事办公室的高级官员）会后对我说："Jane，你怎么想出这些点子的，太棒了！"

　　理事会召开前一周，会务司负责修改和润色会议文件的处长打来电话请我到他办公室去，我心里嘀咕了一下，觉得他找我一定没好事，可能是要修改稿子。结果他只是要我把文件中的两个缩写词 WID（women in development）和 GAD（gender and development）完整拼写出来，便于大家看明白。然后他说他要对我表示祝贺，我感到诧异，问为什么。他说我文件写得好，简洁、清晰、切题，知道自己在写什么（you know what you are writing），还说我比一些母语是英语的人都写得好。这当然是过誉。他是英国人，我们不熟，没打过交道，我相信他真是这么认为的。但我清楚，这次我受到称赞，并不说明我是个写手。但不管怎样，他的称赞还是让我挺高兴的。除了他的夸奖，人事司司长（她是美国人）也曾几次夸我的英文好，还有澳大利亚和意大利的同事也都讲过赞扬我的话。其实，我心里清楚我的底子远非厚实，还有很多不足。我把他们的夸奖看作对我这个中国人英语的规范和表达方式的肯定。每当此时，我就更加感激我的母校，感激老师对我的培养，是他们帮我打下了扎实的基本功。后来我还被告知，由于我是这份后续战略文件的作者，我由此成为国际劳工组织历史上用英文起草理事会文件的第一个中国人。

这里我再接着讲一下前面提到的买车小插曲。我决定在开世妇会前不买车，怕出事。世妇会后，我想我的工作可以正常化了，不会再一天到晚疲于奔命了。我就买了辆小车，换了瑞士驾照，但开车不到半年就闯了祸。我这个人，按优点说，工作认真，工作起来满脑子就只有工作，一根筋。按缺点说，我没有大将风度，干事"举轻若重"，我拿得起，放不下。开车，最忌讳的就是注意力不集中，走神。出事那天一大早才 6 点多钟，我就匆匆忙忙赶着要去办公室给拉丁美洲局的高级性别专家发文。车子启动了，但我脑子里还在想发文的事。忽然，眼前怎么看到像超大万花筒里那样的东西，我连忙刹车，下来一看，糟了，闯祸了，银行的落地大玻璃窗碎了。原来，我头天晚上回家时，把车停在附近的银行前，这天一大早，我没倒车就直接朝银行的营业厅开进去了，撞碎了银行的落地大玻璃窗。幸亏车子和玻璃窗之间有一段很矮的小灌木栅栏，加上我启动的速度不快，不然后果不堪设想。

闯了祸，我不能逃逸，我站在原地，想等着看有路过的人给我做个证人。因为是清晨，等了好一会儿，没看到任何人，无奈，我只好开车去办公室。等 9 点钟劳工大楼里瑞士银行营业厅一开门，我就找到他们的主管，讲了撞碎玻璃窗的原委，烦请他通知那个营业厅说明情况，并留下了我的姓名、联络方式和我的保险公司电话。不到半个小时这个主管告诉我，他已把我的情况全部转达给了那个营业厅。那边的负责人告诉他，他们一上班就发现玻璃窗被砸，并立即向警察局报了警。警察局视察后的结论定为可能是被参加反全球化游行示威的愤青们（hooligans）砸的，因为那几天 G7 会议正在日内瓦湖边法国境内召开。那几年，G7 开会时都会有规模不等的反全球化游行示威和打砸事件，有时甚至还相当严重。这次 G7 的开会地点离日内瓦很近，日内瓦市区很多商店都采取了防御措施，门窗外边都钉上了木板保护起来，所以警察局很容易得出这个结论。那边银行营业厅也就依据警察局的结论通知了保险公司对门窗进行修换。估计银行营业厅不想，也觉得没有必要因为我的"交代"而重启处理程序，也避免了让警察局为难，他们认为反正都是由保险公司去处理修理事宜。这样我就被动地但很幸运地免责了。

第二节 团队建设

我心里清楚，后续战略虽然获得了理事会的通过，但战略还只是纸面上的东西。要落实后续工作，还要补做一些本该做而没有来得及做的工作。更何况提交的战略也只是一个基本框架，还需要同业务司局沟通磋商，征求他们的意见，进一步充实和完善。这是需要花真功夫的。为了保证同业务司局就性别问题联系的连续性和专业水准，我们必须建立一个好的性别团队。所以世妇会后我就把工作重点转向了劳工组织内部性别团队的建设上。我做出这个决定是因为我在国内参加香港谈判和在劳动部的工作经历让我懂得团队的重要性，深知优秀的团队是成功的保障。特别是在国际劳工组织里，性别问题光靠女工问题特别顾问办公室一家唱独角戏是无法想象的，我们必须和业务部门形成伙伴关系，合力推动。

当时在劳工局里，少数业务司局名义上有性别联络员，实际上由于性别问题长期不在主流工作范围内，司领导指定性别联络员时根本没有从业务角度进行考虑，只是临时派个人去开会了事，所以往往派的都是 P2 级的科员或 JPO。这些人员在自己单位里人微言轻，对司里的工作也没有全面的了解，更谈不上对工作或项目能产生影响。很显然，要在劳工组织内部推动性别工作，必须改变这个状况，一定要有一个高效的可以起作用的团队，以保证性别工作的专业性和连续性。建立团队当然不是仅仅落实人员名单和人数，也不是一蹴而就的事。这是个过程，一个培育成长的过程。其中关键的问题是用什么精神去组建团队，用什么理念把大家凝聚在一起，团结一致朝着共同的目标前行。我以特别顾问办公室的名义向各司局发文，说明为了更好地落实世妇会的后续战略，劳工组织要建立性别团队，请各业务司局根据对团队成员资格的要求推荐性别联络员。新成立的性别小组成员的结构确实有了变化，大部分是 P4 级的业务官员和性别问题积极分子。我们对这批成员集中进行了培训，加深对性别观念的学习和理解。随后我们逐步过渡到以司为单位，结合各司业务领域的性别问题共同办培训班。

性别问题是个综合性的问题，不是一家独干就解决得了的，部门之间的配合协调、共同推动十分关键。我们希望业务司局能抽出两到三个半天办性别研讨会不是件容易的事，要让他们同意做出安排需要我们有良好的沟通能力和技巧，这对我们的胸怀和公关能力也提出了更高要求。有时候，要"拿下"一个司长，说服他安排时间组织性别研讨会需要反复进行多次沟通，这对我们的耐心和"面子"是很大的考验和锻炼。所以建立团队的过程对我们来讲，也是提升自身能力的过程。

这里我顺便谈一下这些年来我对参加国际研讨会或培训班的体会。我的一个强烈感受是这些研讨会的开放性和参与性，特别是培训班的"头脑风暴"环节，更是鼓励参与人员积极主动参与，突破思维定式（think out of the box），想出新点子，形成新思路的重要环节。虽然参与者都是成年人，还常常做角色扮演（role play）和其他游戏。总之，为了活跃气氛，激活思想，我们采取的方式多种多样。常常在看似无序、实际是层层深入的讨论中，召集人很专业地将意见逐步汇拢，最后形成大家的共识或建议。这是个激活思想、积极参与和共同贡献的过程，也是个有趣的自我学习和互相学习的过程。参加这样的活动总会有所启发，有所收获。这些年国内不少研讨会也采取了类似的做法。当然这里还有一个高质量、专业化的主持人的培养问题，这方面的专业人才现在还是非常稀缺的。

1997年12月，我们办公室把总部各司局的性别联络员和各地区局的性别专家，包括劳工组织都灵培训中心的两名性别问题积极分子都集中到都灵培训中心，围绕联合国经济及社会理事会（ECOSOC，Economic and Social Council）关于性别纳入主流的一致性结论进行了为期三天的汇报、交流和学习。这些性别问题积极分子以前从未有过这样的交流机会，现在大家相聚在一起，分享工作中的感受和困难，相互借力，抱团取暖，每个人都很兴奋，大家聚在一起，我们已不再是散兵游勇，我们终于有团队了，这是一个多大的变化呀！

当然团队建设还只是开始，还有许多事要做，还需要提升能力成长壮大。三天的汇报交流活动结束时，大家很自然地都表示希望以后还会有这样的机会。我"顺应民意"，做了一个决定：从1998年开始，每年12月上旬，总部和地区局性别专家和联络员都集中到都灵培训中心，进行三天的交流和能力建设活动。在总结讲话时我还说，由于性别问题是个cross-cutting issue（交叉问题），对性别专家和联络员提出了更高的要求，我们不能只在自己的专业领域里刨坑深挖，我们需要用大视野、多视角去分析问题，提出解决方案，要有integrated and holistic approach（综合和整体推进方式）的意识和能力。我们是一个团队，不同领域的性别专家之间要打破部门隔阂，要经常交流探讨。我还分享了我对个人与团队关系的体会。我说：当自己是个一般成员时，就要做一个好的合群的成员；当自己负有一定的领导和协调责任时，则要努力做一个重视团队建设的领导者。性别专家和联络员都要做一个好的团队建设者。通过性别团队的建设和培育，我深切感受到团队建设是一个思想、能力和组织文化建设的过程，也是一个自我学习和相互学习的过程。我感到自己和团队在一起成长，并从中获益匪浅。

2003 年我离开日内瓦前，最后一次参加都灵培训中心办的学习交流活动的总结会，我含着泪水向共同战斗 8 年的性别问题同事们说再见时，他们给了我一个大大的惊喜。他们送给我一大束我从未见过的用那么艺术的形式包装的鲜花，特别是还有一个用漂亮的包装纸包起来的像笔记本一样的东西。他们要我当场打开。他们把这几年每年交流活动的集体照全都连接起来，用折叠的方式合成一个整体，封面上写着"ILO Gender Team"（劳工组织性别团队）。他们想用这种方式让我永远记住和他们一起拼搏的日子，以及我们在推动性别平等和性别主流化过程中形成的友谊和美好情感。我被深深地感动了。

为"起飞"做准备

索马维亚 1998 年 3 月成功当选为劳工组织总干事，1999 年 3 月正式上任，中间有整整一年的过渡期。在这期间，他成立了一个过渡团队（transition team）。利用这一年时间，该团队广泛接触劳工组织内各个部门和一些个人，深入了解情况，为索马维亚制定施政纲领做准备。直到 1999 年 1 月，过渡团队和索马维亚的高级顾问还没有找我谈话了解性别工作。一些同事都觉得有点奇怪，我也不知道问题卡在什么地方。我的秘书更是着急，不时到我办公室来告诉我办公楼里最新的约谈动向，她说过渡团队早已找了就业司的那位对我不十分友好的高级性别专家了，而我们这里一点动静都没有。我知道她可能担心我们特别顾问办公室会有人事变动或被改组。她小心翼翼地向我建议，要不要让她同过渡团队的秘书联系，约个时间由我找他们谈话。我知道她的好意，但告诉她，不用着急，还有时间。我说我相信过渡团队一定会来找我的。其实，过渡团队这么长时间还没有约我，我心里也并不高兴，只是没表露出来，但我这次特别沉得住气，因为我心里有底，我坚信我们要做的汇报肯定是最扎实的一个，因为我们性别团队已经辛苦忙了好几个月了，正在准备一个比较系统的材料。我们的材料分为两部分。第一部分重点讲在就业和工作条件领域性别不平等的状况和问题。第二部分，也是报告的重头戏，是详细呈现劳工组织各个级别人员的男女性别比，级别越往上走，女性越少，性别比差距就越大，金字塔现象严重。可以明显看到，推动性别平等就要缩小这方面的差距，劳工组织还要下很大的力气。我把这个材料先给人事司司长看了，她对我说，性别团队的统计比她的人事司掌握得还要全面，特别是我们还提出了如何缩小差距的具体建议。她说性别团队的工作很细，对她的工作是很大的支持。

　　1月下旬的一天下午，快到下班时，我突然接到索马维亚的高级顾问从纽约打来的长途电话，她希望我在电话里先向她简要介绍一下性别工作情况，说一周内她将来日内瓦当面同我详谈。这个机会终于等来了。我就先从当前我们准备的材料内容开始，由近及远谈了起来。话题一打开，我就刹不住车了，她听得也很感兴趣，中间插问了不少问题，两人相谈甚欢，不知不觉两个多小时过去了，到7点多钟还没打住，直到她说她要赶一个活动才挂电话。第二天我们继续聊。就这样我们两人连续三天打跨洋电话。没过几天，她飞到日内瓦，又约我到过渡团队办公室向过渡团队介绍情况。我想我在电话里同她前后已经谈了好几个小时，够全面的了，这次应该让她和过渡团队其他成员一起同性别团队骨干成员见面，不光是听我一人介绍。他们接受了我做集体汇报的意见。我这样做的考虑是想以这种方式让过渡团队看看我们在劳工组织内部已经建立起了一个敬业务实的性别团队，大家都在积极认真地推动性别平等工作。对性别团队来说，我觉得要给这些骨干尽可能提供展示个人能力的机会。我们的汇报可能是过渡团队一年里听取的工作汇报中唯一一个以集体方式进行的。事实证明，这种做法的效果是好的。三天后，我接到通知，要我一人向索马维亚本人直接汇报。我围绕劳动领域性别歧视和不平等现状、劳工组织在维护女工权益和推动性别平等方面的历史贡献，以及我对未来劳工组织推进性别主流化的设想和建议向索马维亚做了半个小时的汇报。我能感到索马维亚在认真地听我的汇报。我最后一句话是："大使先生（因为他还没正式上任，还不能称他为总干事），我想让你知道，我们一切都准备好了，只等你来起飞。"索马维亚起身同我微笑握手说，他期待同我一道推动性别平等。

机会总是留给有准备的人

2月中旬的一天，会务司司长来到我办公室对我说，3月理事会即将开会，索马维亚将正式到劳工组织上任。这位新总干事想在理事会正式开会前为"三八"国际妇女节专门组织一个庆祝活动。所谓庆祝活动，就是他做一个讲话，紧随其后让我作为女工问题特别顾问做一个8分钟的讲话。会务司司长觉得这种安排不符合程序，因为索马维亚还没有正式上任为总干事，在理事会正式开始前他还是候任总干事，这样安排活动，他的身份不明，没有先例。所以他和我商量，想听听我的意见。我对这位司长说，会议程序问题他是专家，我不在行，但8分钟的讲话稿我可以准备。我说我只是D1级别，和总干事中间差4级，安排我讲话不太合适，我建议由主管性别工作的副总干事玛丽讲，会务司司长同意我的意见。于是由他安排，第二天我们三人在副总干事的办公室就此事交换了意见，我又主动提出由玛丽讲的理由，我们三人，包括玛丽本人也都认为这8分钟的讲话由她讲为宜，但讲话稿由我准备。会后会务司司长把我们三人的一致意见报告给了索马维亚，第二天他告诉我说，总干事听后说仍然按原计划安排进行，由我讲。既然最高领导再次坚持这个决定，我就必须服从。

这是一次非常规的安排，也是总干事正式上任前首次在理事会的亮相，其重要性不言而喻。而且主题又是性别问题，这对我们在劳工组织里推动性别工作来说，绝对是个难得的大好机会，但对我个人来说则又是一个巨大的挑战。安排我在总干事后面讲，我讲什么，怎么讲，劳工组织在性别问题上存在的问题要点出来，但点到什么程度，我要传递什么信息……那几天，这些问题在我脑子里翻来覆去，我知道这8分钟的讲话字字句句的分量都很重，我得仔细斟酌，认真掂量。最后，我决定这个讲话以国际劳工组织维护社会正义的使命为主线，先回顾1919年劳工组织成立之初制定的三个最早的劳工标准，其中有一个是关于女工生育保险的，再讲到六七十年代开始的几十年间劳工组织为消除性别歧视、推动性别平等制定的国际劳工标准和开展的相关研究对国际社会做出的突出贡献，指出劳工组织保护女工权益和推动性别平等的历史是我们引以为豪的宝贵财富和光荣传统。但近些年来，国际劳工组织在性别主流化方面落后了，联合国一些机构已经走在了我们的前面，我们必须奋起直追，不辱使命。我们要以前辈为榜样，一定要在消除性别歧视、推动性别平等方面走在国际机构里的前列。我们虽然已不是第一，但是我们要做到最好。稿子写完后，我征求了性别专家的意见，她们都认为不错，有位专家建议把讲话再压缩两段，这样更简练一些，她是英国人，还对几处文字做了润色，使得英文更漂亮了。开会前，我一人在办公室里把稿子念了好几遍，我想我一定要把自己的最高水平展现出来。

3月8日那天，索马维亚在劳工组织的首个讲话讲了将近半个小时。他真是个演说家，从性别问题同经济社会发展关系的角度，从当下国际社会面对的挑战谈到劳工组织的使命和担当，提出劳工组织必须走在国际组织的最前列。他的气场大，语言漂亮，而且在英、法、西三种语言之间自由切换，令人佩服。他的讲话当然受到了热烈的欢迎。紧接着该我讲话了，在他这样一位新上任的总干事刚讲完后我接着讲，再加上现场他的讲话已经激发起来的气氛当然给了我很大压力，但我并没有被吓住，反而被鼓了劲。可能在国内外交部和劳动部工作时，经历过大场面的锻炼，这些给我打下了基础。我发言时从容自信，"眼中无人"，用标准的北外英语的语音语调讲了8分钟。讲话结束时，全场沉默了一两秒钟，然后爆发出热烈的掌声。我知道，成功了，信息传递出去了。是的，我们必须做到最好！这是我和性别团队对劳工组织的期望，也传达了我们立下的"军令状"。索马维亚和几位副总干事坐在主席台上，他们也都热烈鼓掌，玛丽副总干事还连续叫喊了几声"bravo，bravo"（好极了），声音很大，坐在前几排的理事们都听到了。

因为这次活动意义非同小可，会前，我自掏腰包让秘书准备酒水和点心，等活动结束后在我办公室开了个派对。我们邀请了性别团队所有成员和相关的司长、处长，我们还邀请了索马维亚的夫人和高级专家，他们都来了。大家兴高采烈，相互祝贺，举杯庆祝，我更是激动和感慨，刚讲了一句欢迎和感谢的话就哽咽了，喜极而泣，不能自已。我赶紧转过身去，对着墙，眼泪止不住地往外流。过去5年的情景历历在目。今天的一切太不容易了。当然我也非常清楚，"革命远未成功"，一个新的征程又开始了！

围绕妇女节的讲话使我对"机会总是留给有准备的人"这句话有了一些新的切身体会。机会是非常重要的，要不然怎么会有不少人感慨"怀才不遇"呢？有了"才"，又遇见机会才是完美的。但"才"是要靠学习和积累的，是要准备的。在机会和有准备之间，有准备更为重要，而这个准备，不是事先你看到了有一个机会在那里等着，留给你时间去准备、去捕捉，这样你永远捕捉不到，因为机会不等人。从大的层面上讲，一个人想要得到好的发展，首先要看清形势发展的趋势和需要，并据此来做准备和充实自己。从具体层面上讲，在自己的专业领域和职责范围内，要看清方向，制定蓝图，一步一步朝着目标扎实走去。途中当机会显露或降临时，你就可顺势而为，趁势而上。这次索马维亚以推动性别平等作为出任国际劳工总干事的首场活动，给我们推动性别平等和主流化提供了一个极为难得的机会，但如果我和性别团队没有做扎实的工作，没有认真地"准备"，没有以我们的工作去 impress（给人以好印象）和打动他的高级顾问、他的过渡团队和他本人，我想很可能他们就不会给我安排这个讲话的机会，即便是有，如果我们没有准备好，也很可能 hold（把握）不住这个机会，我们仅仅只会有短暂的兴奋和激动而已。这次经历使我更加感到学习、积累和实干的重要性。不要等待机会，而要时刻做好准备，只有这样才能抓住机会，进而创造更多的机会，才能勇往向前。（Always prepare yourself for challenges.）

性别主流化战略的制定

1997 年，联合国经社理事会就性别主流化通过了"一致性结论"（agreed conclusions）。这个协议的英文原文是："Gender mainstreaming is the process of assessing the implications for women and men of any planned action, including legislation, policies or programmes, in all areas and at all levels. It is a strategy for making women's as well as men's concerns and experiences an integral dimension of the design, implementation, monitoring and evaluation of policies and programmes in all political, economic and societal spheres so that women and men benefit equally and inequality is not perpetuated. The ultimate goal is to achieve gender equality." 这段话的中文译文是："性别主流化是一个过程，它对各个领域每个层面上的一个拟计划的行动，包括立法、政策或项目计划对女性和男性产生的影响进行分析。它是一个战略，把女性和男性的关注、经历作为在政治、经济和社会各领域中设计、执行、跟踪、评估政策和项目计划的不可分割的一部分来考虑，以使女性和男性能平等受益，不平等不再延续下去，它的最终目的是达到社会性别平等。"

我读到这个文件时感觉如获至宝，兴奋不已。在我最需要有人给我指点前行时，这个定义给了我方向和路径。这个一致性结论不长，短短几十个单词把性别主流化的特性、内涵、推行性别主流化的方法和目的说得清清楚楚，言简意赅，高度概括，从内容到形式值得好好琢磨和学习。后来，有些国际组织和机构也对性别主流化下了定义，我个人认为经社理事会这个定义最为简练和全面。

这个一致性结论文件是北京世妇会后我接触到的最重要的联合国关于性别主流化的文件。在感到极受振奋之余，我决定抓住这个机会不放，利用它下大力气去推动性别主流化的工作，具体讲就是要在劳工组织内顺势推动制定将性别纳入主流的战略。我决定先集中力量抓主流化战略的制定，然后再抓性别行动计划。我知道，这件事要趁热打铁，不宜拖。我虽然清楚了路线图，但没有人手。到哪里去找人？制定这个战略不是技术项目或研究课题，不适合请外部专家，如果请外部专家，不仅有和劳工组织内部融合的问题，更重要的是关系到这个战略能否符合劳工组织的实际，能否得到大家的认同和有没有群众基础的问题。我真的体会到了"路线决定之后，干部和人才就是决定因素"这句话太对了。我决定从业务司局借性别专家支援。

我从工作条件司和法规司物色了两位性别专家，她们既了解劳工组织的情况，又熟悉劳动领域的性别问题。我同她们谈我的想法，她俩态度都很积极，然后我就去找她们各自的司长沟通。与国内情况不一样的是，在国际机构里没有"无偿支援"一说。所有借人这一类的问题都只能同被借人部门的负责人磋商沟通，最主要的就是要同相关司长或处长就借调人的时间和经费达成一致意见，公事公办，没有讨价还价的余地，业务司局能同意有条件借人就算不错了。经过协商，我同这两个司的司长达成并签署了协议，协议很正式，写明特别顾问办公室因工作需要从 ×× 司借调 ××，共 × 个月（×××× 年 × 月 × 日到 ××× 年 × 月 × 日），并从特别顾问办公室预算中转出 ×× 美元到 ×× 司。借调成功后我和这两位性别专家组成三人小组，前后奋战了六个月，起草了劳工组织性别纳入主流战略，并在战略框架的基础上制定了性别行动计划方案的草案。在这个过程中，我们组织了多次调研会和研讨会，调动了性别团队的积极性和资源，同时也进一步增强了性别团队的凝聚力。整个过程中，我采取了参与式的方式（participatory approach），把制定战略同交流探讨和团队建设结合起来，集思广益。性别联络员们有参与感，就有积极性。由于这是劳工组织首个性别纳入主流战略,我们依照经社理事会对性别主流化的定义精神,决定重点突出劳工组织的主要问题,不追求面面俱到,主要围绕人员、实质和组织结构(staffing, substance, structure)三个方面制定战略。战略强调性别视角和性别关注点必须充分融入劳工组织开展的所有工作和活动以及技术合作项目,并确保贯穿于设计、制定、执行、跟踪和评估的各个阶段。在制订计划和设计项目时,要引入性别分析和性别规划,同时制定有性别视角的预算。在人员方面,我们提出要采取积极措施以缩小劳工组织内部金字塔状的性别差距,突破职务级别越往上女性比例越小的现状,打破限制女性职业升迁和发展的玻璃天花板(glass ceiling),并在三年内达到联合国系统规定的 30% critical mass(临界规模),并在 2010 年达到劳工组织人员男女比例50 ∶ 50 的目标。

1999 年 12 月,劳工理事会通过了 ILO 性别平等和性别主流化战略,国际劳工组织由此成为联合国系统内首个制定性别主流化战略的专门机构,起到了带头引领作用。这也是索马维亚作为新总干事上任的第一年的一个重要业绩。联合国负责性别问题的助理秘书长安吉拉·金女士特地从纽约打电话向我表示热烈祝贺。紧接着在 2000 年,我们又制订了性别平等行动计划,为劳工组织总部各部门和地区局推动性别平等工作和性别主流化提供了一个全面的框架。至此,国际劳工组织为推动性别平等和性别主流化,在政治意愿、战略和计划,以及执行层面和机制层面就有了一个完整的系统。这个成绩的取得确实来之不易,是多方面因素聚合、相互作用的结果。从宏观层面讲,90 年代中期,联合国先后召开了几个重要的国际会议:1993 年世界人权大会首次提出"妇女的权利就是人权";1994 年年底在开罗召开的国际人口与发展会议,首次将促进男女平等、公正和妇女权利作为国际社会的一个优先目标,再次强调妇女的权利就是人权;1995 年年初在哥本哈根召开的社会发展世界首脑会议则更进一步强调对妇女的赋权和赋能,提高妇女的政治、经济和社会地位,使她们能平等地参与经济、政治和社会的发展,促进社会的全面进步;1995 年 9 月在北京召开的第四次世妇会通过了《北京宣言》和《行动纲领》,在推动男女平等的进程中更是具有里程碑意义,产生了深远的影响。这些大会的召开为国际社会和各国推动妇女进步、男女平等的努力创造了有利的大环境。在组织层面,国际劳工组织也发生了很大的变化。1998 年来自智利的索马维亚先生当选为新的总干事,他是国际劳工组织自 1919 年成立以来首个来自南半球的总干事。他有丰富的外交经验，曾担任智利驻联合国代表和联合国经社理事会主席，也是 1995 年社会发展世界首脑会议的主席。他是我接触到的最具有性别意识的国际组织高官和社会活动家。他主政国际劳工组织无疑对劳工组织推动性别平等工作创造了非常有利的环境。就我个人微观层面讲，经过几年在劳工组织里的艰辛拼搏，我逐渐熟悉了性别问题，开阔了视野，凭着刻苦钻研，大大增强了应对困难和挑战的能力和主动权。

现在回过头来看，我在国际劳工组织的开头一两年是憋着一口气在那里干，主要靠不服输的一股劲支撑着。后来在工作中随着对性别问题重要性的认识和工作的磨炼，我逐步从一个性别盲变成了一个自觉的性别平等倡导者。我深感从不自觉状态到自觉状态的转变是非常重要的。当你是自觉地去做一件事时，你清楚这件事的意义和你的责任，而且会把手头做的事同更大的目标联系在一起，因为你知道你要到哪里去，你就会有持续的动力，遇到困难、受到挫折仍会锲而不舍。这时你的境界，你的视角、高度和做事的方法就不一样了。你的思想是开放的。你会有一个更大的胸怀，去学习、实践和探索，并在这个过程中成长，会感到快乐和幸福。

开发性别审计项目

2000 年年初，计划预算司司长得知我们在制订的性别平等行动计划里要提出开发性别审计（gender audit）项目，因为涉及预算，有一天他到我办公室来问我是如何考虑的。这位司长资格很老，是计划预算专家，我想在他的职业生涯里，他只跟与数字有关的预算、核算和审计打交道，从来没听说过什么性别审计，估计他不知我们向他要预算是要搞什么名堂。他的这个态度也不奇怪，因为性别审计确实是个新事物，开发是带有开创性的。我向他解释说，在北京世妇会通过的《行动纲领》的建议里提到了性别审计的重要性，我个人认为这个项目的开发是个重要工具，有助于推进性别主流化战略。他听了后没做任何反应，只是用带有质问的口气问我是否知道如何做。我坦诚地回答说不知道，但我们可以学着做。同时我告诉他，国际上没有任何一个国家或机构做过，我们是第一个。他没有再说什么就走了。过了一周，索马维亚的高级顾问苏珊到日内瓦出差，见到我时对我说，计划预算司司长已经告诉她了，说张幼云没有做过性别审计，也不知道如何做，但她在性别行动计划里却把性别审计作为项目列出来了。苏珊问我这是怎么回事。我想这位计划预算司司长主要是以我没有做过此类项目为由不想批给我们预算，我不必太在意。但鉴于这个项目的意义，我一定要争取苏珊的理解和支持。我向苏珊讲，由于这个项目具有开创性，劳工组织值得尝试，我和同事们相信我们一定可以开发出来。由于我的态度明确，坚信开发的方向是对的，我最终得到了苏珊的认可和支持。虽然我当时对性别审计远谈不上有深刻认识，但我认准它是落实性别主流化战略的一个有用的工具，相当于开发一个透明的问责系统，有助于建立组织机构的性别文化。最终，性别审计项目被保留在了行动计划里。此后，我们就全力以赴开发这个项目了。

性别审计立项成功后，我立即开始寻觅专家，这还真不是一件容易的事。由于性别审计没有机构做过，没有现成的专家资源，我们就像大海捞针一样，到处有目的和没目的地打听。好不容易费了大力气在远离日内瓦的大洋洲找到了一个专家，却未曾想到在她即将来日内瓦同我们见面前夕被查出患有疾病需立即住院治疗。无奈，我又接着开始新的 head-hunting（物色人才）。功夫不负苦心人，最终我们找到了荷兰的一个研究所，同他们达成了合作开发项目的协议。

这个项目在国际上，包括在联合国系统和国际机构里，都尚属首个。如果说北京世妇会给推动性别平等方面带来了"社会性别与发展"新理念，开启了性别纳入主流战略的新阶段，那么性别审计则是在组织机构内通过群众参与式的方式建立和落实了性别主流化的问责制。这个项目经过不断的充实和完善，现在已发展成为一个完整的系列。20 年前的一颗小种子，现在已经枝繁叶茂了，为组织的文化，特别是性别文化建设做出了重要贡献。

按照当时联合国的规定，1991 年后入职联合国的人员的退休年龄从此前的 60 岁推迟到 62 岁。据此，我应在 2002 年 8 月 31 日退休。但 2002 年春天，离我退休还有半年时，有一天索马维亚的高级顾问苏珊来到我的办公室对我说，总干事对我的工作很满意，性别平等局的工作还要继续扩大和加强，总干事希望我能推迟一年退休，希望我能接受。我听后，心情又高兴但又有些说不清楚的感觉。一方面，高兴是因为自己的工作得到了高度认可，对国际公务员来说，被要求推迟退休的情况不多。如果推迟退休，我还有时间做还没有完成的几件重要的工作。但另一方面，我毕竟 62 岁了，这些年我都是独自一人在日内瓦打拼，和在驻外使馆任职的老伴已经分开了 8 年，我们每年在一起的时间太少了。当然，最后在他的支持下，我还是非常高兴地推迟了退休，之后，又应总干事的要求，又再延迟了一年。最后这一年，我是以高级顾问的身份被派到劳工组织北京局工作，直至 2004 年 8 月我 64 岁正式从劳工组织退休。

晋升到 D2

1999 年国际妇女节的庆祝活动以后，我接到总干事办公室通知，要我自当日起直接向总干事汇报工作。这种安排对我来说当然是很大的鼓舞，但在内心深处我感到的更是一份沉甸甸的责任。我要对得起总干事的这份信任，更要对得起组织赋予我的使命。3 月，索马维亚在他的就职演说中就多次强调了性别问题的重要性，性别问题是他议事日程上最优先的一个问题。索马维亚上任不久就提出了"体面劳动"的战略，他把"发展"和"性别"作为两大交叉问题放在贯穿于劳工组织的创造就业、扩大社会保障、工作中的权利和社会对话四大战略支柱之上的高度加以强调，这给我很大震撼。他对性别问题的重视远远超出了当时我对性别问题认识的水平和局限，我从来没有以这样的高度、广度和深度想过性别问题。此时我要直接在他手下工作，直接向他汇报，如何尽快跃上他的这个高度，以这种视野来计划我的工作，这是我面临的新挑战。

为了保证我的工作更好地保持在劳工组织和总干事战略的"航线"上，我给自己立了一个规矩，除了对劳工组织的"体面劳动"战略加深理解和推动性别主流化战略外，我每个月给总干事写一份简报性质的汇报（劳工组织内部叫 minute）。我的主要考虑是让总干事对劳工组织的性别工作经常处在知晓中（always in the know），这也有助于我能及时得到他的指示。我的原则是，有事长报，无事短报，遇到急事及时报。汇报分三部分：第一部分是要处理的问题；第二部分是处理的意见或安排；第三部分是希望从总干事处得到何种支持或指示。一般我是以 bullet points（要点）的形式写简报，篇幅不长，基本不超过两页。有一天，总干事办公室主任对我说起简报一事，她说我写的简报清楚、简练，总干事觉得不错。快到年底时，有一天我接到办公室主任的电话，通知我总干事要在他的办公室见我，我问需要做什么准备，她说，什么准备都不需要。你不知道吗？你要晋升了，明天就宣布晋升名单，全办公楼的人都知道了，你竟然还不知道。随后又赶紧嘱咐我说，见到总干事时一定不能表露出她已向我透露了消息的样子。这次索马维亚见我的时间不长，他说他对我的工作很满意，将提拔我至 D2 级别，担任性别平等局局长，相信我会继续出色工作。我感谢他对我的信任和对我工作的肯定，表示我将竭尽全力和性别团队一起努力实现这个目标。这是索马维亚上任后第一次提拔人，晋升名单包括从 P4 晋升到 P5、P5 晋升到 D1 等的十几个人，从 D1 晋升到 D2 的有两人，除了我之外的另一人是索马维亚的智利同胞，从培训处的主管调任总干事办公室主任。这十几个晋升人员都是各业务司和地区局的骨干，三分之二以上是女性。这次晋升在打破"玻璃天花板"、促进性别平等以及晋升人员的数量方面，在劳工组织历史上都是前所未有的，在劳工组织内部上上下下引起了很大反响，大家感到索马维亚正在用行动落实他的"我们必须改变"的承诺。

这一年的 12 月，索马维亚总干事撤销了女工问题特别顾问办公室，成立了性别平等局，并任命了局长，我感到特别骄傲和自豪的是被任命的首位性别平等局局长是一位中国人。任命宣布后，我收到了 20 多位同事发来的对我表示祝贺的电子邮件，特别是一位澳大利亚同事在她的邮件中写道："从你身上，我看到了一粒种子如何生根，发芽，生长，开花直至收获。你是个活生生的例子，对我们是一种启示和鼓舞。"

建立总部在欧洲的联合国机构间性别小组

1999 年年末，在考虑 2000 年计划时，我的工作重点中有一项是积极筹备在纽约联合国总部举行的世妇会后第一个大型活动—— "北京 +5"。在具体考虑参与筹备 "北京 +5" 活动时，我脑子里闪出一个点子——把总部在欧洲的联合国专门机构（Europe-based UN specialized agencies）的主管性别问题部门的负责人串联起来，届时在日内瓦组织一个联合国机构间的跨领域、多视角的研讨会，共同回顾世妇会的后续活动。我这个想法的考虑是，性别问题是个交叉问题，涉及各个领域，在推动性别平等时，我们鼓励各领域协调配合，首先我们自己就应该身体力行，率先示范。我从离劳工组织最近的世界卫生组织（WHO）开始约见主管性别工作的同事，然后逐个联系了联合国难民署（UNHCR）、联合国贸易和发展会议（UNCTAD）、联合国儿童基金会（UNICEF）欧洲区域办事处的主管性别的同事，然后再联系了日内瓦以外的在巴黎的联合国教科文组织（UNESCO）和在

2000 年，联合国欧洲机构间"北京 +5"论坛。右二为国际劳工组织总干事索马维亚，左二为联合国助理秘书长安吉拉·金，右一为笔者

罗马的联合国粮食及农业组织（FAO）与世界粮食计划署（WFP）的同事。大家的热情和积极性很高，远远超出了我的预想，很快我们约定 12 月初在劳工组织见面，进一步商量具体事宜。就这样，总部位于欧洲的联合国机构间性别小组就应运而生了。由于整个活动的设想和组织都是由我代表国际劳工组织发起的，所以大家一致推荐我担任小组负责人。我们商定大致每两个月沟通交流一次。会后我向纽约总部安南秘书长的性别问题顾问、联合国助理秘书长安吉拉·金女士做了通报。她听了后特别高兴，并说下次到日内瓦出差，一定同大家见面。她认为这有助于联合国系统内各个机构负责性别的官员有更多的交流机会，因为北京世妇会后掀起的性别主流化战略的势头当时正猛，有很多新问题需要研究，我们自己的能力也需要提升，设立这样一个机制是再合适不过了。索马维亚对于我的这个主动行动（initiative）很高兴，非常支持。索马维亚非常重视联合国和多边组织，这可能和他长期同联合国打交道并且曾在数个联合国机构担任高级职务有关。

　　2000 年 6 月，我们在纽约参加完联合国"北京 +5"庆祝大会后，紧接着赶回日内瓦，召开跨机构的"北京 +5"论坛。论坛在劳工组织总部大楼理事会大厅召开，很隆重。每个专门机构都汇报了各自领域贯彻落实《北京宣言》和《行动纲领》的成绩。安吉拉助理秘书长特地从纽约赶来参加，并做了主旨发言。这是联合国除纽约和内罗毕以外几乎所有联合国专门机构第一次联合共同组织性别问题的论坛，我们用实际行动体现了机构间加强合作、合力推动性别平等的重要性。对劳工组织性别平等局在这方面起的带头和推动作用，索马维亚很高兴。他很重视这次论坛，并作为论坛主办方的总干事在论坛开幕式上致辞欢迎。他的讲话无疑也为这次论坛的成功做了贡献，尤其是他作为一位男性、一个联合国专门机构的一把手能如此重视性别问题，如此重视性别主流化，这种视野、这个高度，对联合国所有工作人员，特别是联合国其他机构的一把手都树立了一个良好榜样。

在中国做性别主流化能力建设项目

2001 年年初，技术合作司负责捐赠国合作项目的处长到我办公室对我说，荷兰海外发展署将提供资金用于提升劳工组织三方成员性别主流化能力建设，计划从非洲和亚洲各选两个国家开展这个项目。荷方和技术合作司在非洲选了坦桑尼亚和乌干达，在亚洲已选了尼泊尔，另外一个国家尚未最后确定，拟在马来西亚或印度尼西亚两国中选一个，想征求性别平等局的意见。我对他表示感谢，说这将是世妇会后劳工组织在其会员国做的第一个性别主流化能力建设项目。至于在亚洲再选一个国家，我说我建议选中国。我非常明确地告诉他并非因为我来自中国，是中国人，我就推荐中国。我推荐的理由是，中国不仅是最大的发展中国家，而且是 1995 年世妇会的承办国，中国国家主席在世妇会大会上宣布了男女平等是中国的基本国策，所以如果这个项目能在中国执行，将是很有意义的。特别是，中国现在处在一个很重要的时刻，因为虽然中国在推动男女平等方面取得了不少进步，但总体上现在仍然还主要是采用 WID（发展进程中的妇女）模式，如果要转向世妇会倡导的 GAD（社会性别与发展）模式，还有不少工作要做。如果这个项目能够在中国开展，将不仅有助于提升中国三方成员的性别主流化能力，有助于加速推进中国向 GAD 模式转变，而且将会对整个项目的示范作用和影响力产生积极影响。我请这位处长将我的意见转告荷方考虑。

在这里，我要顺便简要介绍一下 WID 和 GAD 的背景。WID 是 20 世纪 70 年代到 80 年代，一些发达国家政府和非政府组织、国际机构在发展中国家，特别是在非洲通过项目或活动推动性别平等的一种模式。WID 模式的核心是促进对妇女的经济赋权（economic empowerment），改善妇女的经济状况，以此来推动性别平等。这在当时的历史背景下是有积极作用的。后来随着社会的进步和妇女运动的发展，国际社会逐渐认识到这种模式的局限性。这种模式下的项目目标群体只是妇女，没有把妇女的发展同社会总体经济社会发展的目标、政策和实际紧密联系起来，往往只是孤立地做妇女项目。1995 年北京世妇会的宣言和行动纲领提倡采用 GAD 模式，并进一步明确了 "gender" 这个概念，用来说明在基于男女生理差别之上存在的社会性差异。GAD 模式的核心是使女性和男性能平等地参与社会发展的全过程，并平等地受益，从而推动实现两性之间真正的平等。GAD 是个开放性的赋能模式，是推动实现性别平等和社会公正的重要理念和模式。所以向这个模式转变是非常重要的。

我前面说的那位技术合作司的处长将我的意见转告荷方后，过了两周告诉我说，荷兰海外发展署知晓了我的意见后对他说，中国不在荷兰提供性别项目的受援国名单里。我听后又向这位处长再一次说明我的意见，并强调我是从项目的整体效益和影响考虑，认为在亚洲选中国做此项目更为合适。我请他再次转告荷方我的态度，告诉他们我是经过认真考虑做此建议的，希望荷方给予积极考虑。如有必要，我可以通过电话同他们直接交流。又过了一段时间，这位处长给我反馈说，荷方破例同意了在中国做这个项目。我听后当然十分高兴，因为在中国做，我更有信心把项目做好。当然我心里也更清楚，要落实兑现，把中国项目做成一个范例还要下大力气。在这个项目上我之所以这么明确地推荐中国，最重要的是我是从项目的总体示范效应以及从项目国家的实际情况和需求考虑出发的。我确实做了认真的思考。因为 2000 年在纽约出席 "北京 +5" 大会期间，我参加了国内 NGO 组织在联合国大楼对面的一个办公楼内举行的研讨会。那次会上有四五位发言者，分别代表国内不同领域的 NGO 和研究机构介绍在国内推行性别平等工作开展的情况。她们介绍得很认真。对她们介绍的内容和表述方式，譬如 "双学双比""五好家庭" 等主要在内地使用的词和内容，我都很熟悉，都能听懂。但在场的除了两三名外国人，二三十名听众基本上是来自港澳妇女组织的成员，她们是否能听明白，我就不那么肯定了。这个研讨会给我一个很强烈的 WID 模式印象，主要是就中国妇女谈中国妇女，缺乏同国际的联系。

会后，会议组织者之一——全国妇联妇女研究所刘伯红副所长过来征求我对研讨会的看法，我见她态度诚恳，也就很坦诚地谈了我的看法，并邀请她第二天到我住的旅馆进一步交流。第二天我们两人从下午 5 点一直谈到快半夜 12 点，要不是因为她第二天一大早要乘 6 点的飞机回国，我们两很可能要谈一个通宵。我们谈得很投机，她向我介绍了国内近些年推动性别平等的政策、活动和研究的情况，使我了解并学习了很多东西，得知取得这样的成绩是很不容易的。我则结合我在劳工组织工作将近 6 年的体会和收获，重点谈我是如何从零开始，到现在对性别平等特别是性别主流化的认识和感受，尤其是对国际上一些重要理念的理解和体会。她听得非常认真，不时插问问题和评论，她身上的那种对推动性别平等工作的投入精神和对如何更好地融入国际层面的认真思考和探讨的态度给我留下了深刻的印象。

我回到日内瓦后，正好赶上劳工组织为即将要在德国汉诺威举行的世界博览会期间劳工组织的研讨会做准备工作。这届世博会的主题是："人·自然·技术：展示一个全新的世界"。索马维亚总干事抓住主题中的"人"这个题目要求国际劳工组织在世博会期间组织三个论坛，其中一个是劳动世界的性别问题。我利用这个机会就推荐刘伯红副所长作为来自中国的代表参加劳工组织的性别研讨会，我想国内的性别问题积极分子需要这样的学习机会，这有助于打开思路，更好地开展国际交流。

刚好，就在汉诺威世博会后半年，荷兰海外发展署要和劳工组织合作在会员中开展性别主流化能力建设项目。这不仅是劳工组织首次在三方成员中做性别主流化能力建设项目，而且也是首次明确提出项目参与方要增加社会伙伴一方，即称为 Tripartite Plus（3+1）项目，由政府、工会代表和雇主组织代表以及社会伙伴妇联四方共同参与。这个项目从内容到形式不仅在中国是首次，在劳工组织也尚属首次，其意义和重要性不言而喻。前面已经讲了，中国最终如我所愿成为项目执行国之一。我决心竭尽全力协助，把这个项目做好，把中国项目做成样板。我决定首先选一个好的项目官员，刘伯红副所长当然是不二人选。我趁 2001 年回国休假之际，就先在非正式层面做些准备，积极联系了劳动部国际合作司、中华全国总工会（简称"全总"）和中国企业联合会（简称"中企联"）国际部的领导。项目正式启动后成立了国家的项目指导委员会，由劳动部主管就业的副部长任主任，委员都是劳动部、全总国际部、中企联和全国妇联国际部主管工作的中层领导，这是一个很强的指导委员会。

项目的重点放在引进世妇会后在国际上推动性别平等的新理念，同时结合中

2003 年性别纳入主流 3+1 中国项目基线调查启动仪式。前排左四为笔者

国和各自领域的实际情况将性别纳入主流战略本土化。特别值得提及的是在项目总体目标下，各个参与方的侧重点各具特色。具体讲，劳动部当时在全国开展与国际劳工组织合作的"创办你的企业"（SYB—Start Your Business）项目，通过 3+1 的这个项目侧重，他们指导妇女创业，作为对整个 SYB 项目的一个重要补充；全总当时侧重工会系统中性别主流化机制的建立和活动；中企联则推进女企业家资源中心的建设；妇联通过对妇女创业需求的基线调查推动性别平等主流化纳入妇联工作日程和纳入政府决策的主流。项目指导委员会特别强调项目要采取参与式和合作式的工作模式，不生硬死搬国际理念，要用大家能听得懂的语言并结合本单位实际介绍新理念，把项目制定和执行的过程变成大家共同学习、合作和变革的过程。

这个国际项目第一期在四个国家执行，到 2002 年结束时，我带了一位助理专家到坦桑尼亚和乌干达参加项目点的总结会，实地考察项目成果。

乌干达和坦桑尼亚对项目都持非常欢迎的态度，希望能继续开展。但由于劳工组织没有经费支持，我只能允诺以后一旦有可能将积极考虑。相比较而言，尼泊尔项目的情况就差一点，这可能与当地经济社会的发展以及历史文化背景有关。中国在这四个国家中确实做得最认真、最实也最好。

在第一期项目结束后，荷兰海外援助署对项目成果表示满意，接着他们又追加了一笔小额资金。鉴于中国项目的组织架构和运行已相对成熟，我和技术合作司商定后决定只在中国做项目的后续部分，以巩固成果。中国项目 2006 年正式结束时做的评估也充分展示了这个项目取得的骄人成绩。

　　我想说明一下，我在这里用在这个项目上的篇幅可能长一点，主要是想通过回顾这个项目让读者们多了解在劳工组织里做技术合作项目的情况。我们在评估一个项目时，主要从以下几个方面看项目是否达到预期设定的目标：relevance and ownership（关联性及项目相关方对项目的拥有权）、effectiveness（有效性）、

2002 年，性别纳入主流 3+1 项目乌干达评估会。右七为笔者

2002 年，就性别纳入主流 3+1 项目会见坦桑尼亚就业部副部长。前排右者为笔者

sustainability of results（结果的可持续性）、management issues（项目管理）。关于项目管理，它包括 resource mobilization（资金筹措）、technical backstopping（技术支撑）、knowledge management（知识管理）和 human resource consideration（人力资源方面的考虑）等方面。这个 3+1 项目除了提升项目成员的性别意识和对性别主

性别纳入主流 3+1 中国项目开发的手册

流化的能力外，还开发了适合本国国情又结合各单位实际情况的性别分析工具和指导手册，例如全国妇联项目组开发的《提高社会性别主流化能力指导手册》、劳动部的《城镇妇女创业手册》、中企联的《性别平等与企业》、全总的《工会推进社会性别主流化能力培训教材》以及最新的《促进工作场所性别平等指导手册》，直到今天这些手册和教材仍然发挥着积极作用。

最后，很重要的一点是，这个项目创建了一个多部门合作的平台和机制。虽然始于性别问题，但该项目为今后做其他跨领域多部门合作，在机制上和实操上也提供了许多可供借鉴的经验。此外，这个项目也是孵化器，它为国家培养了一批社会性别专业人才。目前在国内有影响力且积极参与国际交流与合作的社会性别专家不少都受益于这个项目，他们推动了中国性别平等事业的发展。

我为自己推动了这个项目在中国的执行感到高兴，也感谢荷兰方面资助了这个项目，为我创造了一个难得的机会，使我能够把履行公职和对祖国的情怀很好地结合起来，实现了我的心愿。

在这里我想就我们现在常说的"家国情怀"谈一点我的看法。我认为做国际公务员与强调家国情怀不矛盾。在国际机构里工作，首先要清楚自己的身份是国际公务员，要承认和遵守《联合国宪章》和所在组织的章程，牢记自己不代表任何国家、任何政府和组织。这与我们是一个中国人并不矛盾。作为一个国际公务员，忠于自己的祖国也是必须具备的品德。但如何体现家国情怀呢？我认为，首先是做一个称职的合格的国际公务员，遵纪守法，以自己的敬业请神、专业水平和工作成绩赢得组织机构里上司和同事们的认可，得到会员的赞许，以实际工作为全

性别纳入主流 3+1 中国项目团队在 2019 年国际劳工组织
百年纪念活动上再次聚首。左六为笔者

球治理、为构建人类命运共同体做出贡献，为中国人争光，为国家争光。我们不能片面地、错误地认为自己可以代表国家去争取自己认为的所谓"国家利益"。

做性别平等的倡导者

在劳工组织里工作的 10 年使我成了在劳动世界里推动体面劳动（decent work）的积极分子，更主要的是把我从一个性别问题盲变成了一个自觉的性别平等的倡导者（a gender advocate）。我感恩于时代给我的机遇，庆幸自己遇上了北京世妇会的召开及其开启的推动性别平等的有利大环境，以及在以维护社会公正为宗旨的国际劳工组织里做性别平等工作这样的平台。这一切使我接触到了一个更大的世界，特别是给了我一副有性别视角的眼镜，使我看到了许多我过去视而不见或习以为常的不公和歧视，从而思考背后更深层次的原因，使我从内心深处认识到推动性别平等就是维护社会公正，就是维护人的基本权利，就是推进以人为本的可持续发展模式的大问题。性别问题绝不是狭义的妇女的问题。

我讲的这些话是发自我内心的感受，绝不是空话套话。我希望有志到国际组织里去发展、去参与国际治理的青年朋友们要非常重视对性别问题的认识，不要从应付招聘考试的角度对待性别问题，而是要结合国际社会就国际治理目标达成的重要共识和制定的发展目标，如千年发展目标（MDG）、2030 可持续发展目标

（SDG）等，从根本上提升自己的性别意识。性别问题是认识世界、参与国际治理的一个重要的切入点。更何况现在联合国各个专门机构在招聘人员时，也将性别意识和水平列为重要的考量因素。2019 年在日本大阪召开的 G20 峰会上，有一个议题就是"Women's Empowerment"（妇女赋能）。我希望青年朋友一定要重视社会性别问题，自觉提升性别意识。

培养学习型文化

我 1994 年加入国际劳工组织时，自己在思想上和业务知识上的准备是很不足的。当时也没有现在这么发达的网络可以随时获取自己想要的知识和信息。结合我这些年对工作的体会，我希望打算到国际组织里去工作的青年朋友认真做好思想上、业务上和知识上的准备，对联合国机构，特别是与自己专业对口的国际机构的章程、愿景使命、战略目标和工作重点要熟悉，对联合国的员工素质要求也要很清楚，这是最起码的要求。此外，对联合国的一些重要文件、决议和一些重要公约也要了解，如对《联合国宪章》（UN Charter）、《国际人权公约》（International Conventions on Human Rights）、《经济、社会和文化权利国际公约》（International Covenant on Economic, Social and Cultural Rights）、《消除对妇女一切形式歧视公约》（Convention on the Elimination of All Forms of Discrimination Against Women）等要有所了解，特别是对近些年来国际社会达成的重要共识（如千年发展目标、可持续发展目标），尤其是与自己专业领域相关的决议和规定一定要非常熟悉。这对自己在工作中把握方向和内容都很重要。对于一些重要的理念，不要光停留在字面上看懂，要仔细琢磨里边的内涵，要尽量知其然也知其所以然。

14 年前，我在国际劳工组织第一次听到 learning organization（学习型组织），这个表述给我留下了非常深刻的印象。这是索马维亚刚上任为国际劳工组织总干事时在一次讲话中说的。他讲道，作为联合国系统内拥有最长历史的机构，劳工组织必须变革，必须成为一个学习型组织，以适应形势的飞速变化。我想，对一个组织来讲尚且如此，对我们个人来讲更应如此。只有不断学习，形成学习型文化（learning culture），才能跟上飞速变化的时代。

在强调学习重要性的同时，这些年的工作经历也使我感到学习方法的重要性。在向书本和实践学习的过程中，要保持批判性思维和思维的开放性，打破思维定式，激活自己的创新思维，使自己的工作或想法有新颖性或创新性。学习是为了丰富和继承，更是为了超越和创新。在这个过程中，a critical mind/think out of the box/change the mind-set/originality and creativity（批判性思维/不墨守成规/改变思维模式/新颖性和创新）是关键。

对多样性要敏感

联合国是多边国际机构，是不同文化、不同历史的汇聚地，会员国横跨六大洲且处在不同的发展阶段，秘书处工作人员来自五湖四海，有不同的历史文化背景。我所在的性别平等局的同事们就来自德国、法国、美国、荷兰、挪威、加纳、澳大利亚、瑞典、加拿大、尼泊尔等10多个国家。因此在国际组织里工作，对不同文明的了解和尊重，对文化多样性的敏感度就显得尤为重要。当然首先我们对自己的文化要认同，并不断深化我们的文化自信，同时要努力了解和尊重其他文化，加深自己对几千年人类文明发展的认识，汲取营养，丰富和提升自己的涵养。国际劳工组织每年组织的培训中就有关于跨文化的内容，对劳工组织人员的素质要求中也有一项强调对多样性敏感的重要性（sensitivity to diversity）。当然多样性除了文化历史的多元外，还包括性别、宗教信仰、年龄、性取向、婚姻状况、残疾、政治信念等的多样，范围很广，它所强调的基本原则是公正和尊重，对文化多样性的尊重和对每一个人的尊重。

2019年，在国际劳工组织百年纪念活动上发言

2012年，参加达沃斯世界经济论坛专题研讨会。右为笔者

掌握好外语工具绝对会加分

语言作为工作和交流工具的重要性怎么强调都不为过，在国际组织里更是如此。在国际组织里，掌握第二种国际通用语言的人已经相当普遍。劳工组织里我的不少同事，除了本国语言外，起码都会一种外语，有的甚至掌握多种。与他们相比，这就是我的短板，我法语初级还没有学完就止步了，工作压力和精力都不允许我继续。我对青年朋友们的建议是，趁你们年轻，记忆力好，接受能力强，除精通一门通用外语外，一定要掌握好第二外语，会第三种外语更好。另外，语言学习一定要扎扎实实打好听说读写基本功，特别是说和写的基本功和技巧，要多读多看多留心，认真掌握和不断提升表达和沟通的能力，这些对自己工作和职业生涯的发展非常重要，可以为自己创造更多的发展机会。国际机构里"文山会海"，内部沟通往往以电子邮件形式和纸质形式进行，对听说读写能力的要求很高。此外，会议多，口头发言讲话的场合也多。

在劳工组织时，我每年要到纽约参加联合国妇女地位委员会会议，在会上我要代表劳工组织就讨论议题发言。发言稿要发给参会的各国代表和非政府组织。如何在规定的 5 分钟时间里，完整清楚地表明劳工组织对讨论议题的立场和看法，如何给与会代表留下印象，每次我都下功夫琢磨，这种能力一定要下力气培养。

2013 年，在中欧城镇化伙伴关系广州论坛上担任开幕式主持人

　　另外，国际组织里还经常组织各类研讨会，应邀做专门小组的发言嘉宾（panelist）的场合很多，在现场要同听众进行互动，回答问题。这对把握议题的能力、专业知识水平、组织表达能力以及现场把控应变能力都提出了很高的要求，都需要我们平时多注意这方面的锻炼和提高。台上一分钟，台下十年功，的确如此。

　　在这方面，我很佩服劳工组织前总干事索马维亚。他知识渊博，国际经验丰富。他除了母语西班牙语，英语和法语的水平也几乎像母语一样，他在三种语言中自由娴熟地转换，游刃有余，而且用词漂亮地道，再加上有演讲天赋，讲起话来极具感染力，能吸引听众跟他走。我想他驾驭语言的超强能力肯定为他担任国际组织的高级职务加了不少分。我也相信我们的青年朋友们中间将来一定会涌现出许多优秀的人才。

第四章　感恩时代　回报社会

与中国就业促进会的情缘

2004 年下半年我从劳工组织退休后，接受了一个新任务，担任了中国就业促进会副会长，负责国际交流和国际项目。那时就业促进会刚刚成立，没有经费做国际项目，但国际交流又是不可或缺的。所以我那时主要的任务就是"找钱"做项目。我找到以前在使馆工作的一位同事，她此时已是美国一个大公司在华机构的高管，刚好负责公司的企业社会责任的工作。她了解了我的要求后，非常理解我的心情，想给以支持。但他们公司企业社会责任的经费在非自然灾害时期是不能直接用于捐赠的，必须先报送项目建议书给他们公司相关部门进行申请。当时国内就业压力大，许多社区都配备了社区就业协理员，他们大多是四五十岁（当时称 40、50 人员）的下岗工人，他们有情怀，但没有经过必要的培训就上岗了。针对这个情况，我们就设计了给社区就业协管员培训和编写培训手册的项目。项目获得了这家外企的支持。项目技术难度不大，但如何把手册设计得生动，让协理员比较清楚地掌握就业政策，又能解决实际工作中的问题，项目组下了不少功夫。我们组织了专家和一线做就业的同志开了座谈会，成立了编写组，还组织协理员们提意见修改。这个项目在天津市和湖北省得到了认真执行，受到了协理员们的热烈欢迎。

还有一个更大的项目是德国一家医药公司赞助的。该公司明确讲明我们要提交的项目不能是给医生或护士办培训班，或组织医疗领域的研讨会，因为这方面他们已经赞助得太多了，但又要求我们的项目必须同医疗领域结合起来，不然得不到赞助。这可把我难住了。但正是因为赞助方的这个态度反倒把我们的项目给逼出来了。我琢磨了一段时间没有结果。有一天，灵感来了，我想劳动领域同健

中国就业促进会社区劳动保障协理员培训国际项目。右二为笔者

2006年，中国就业促进会与一家美国公司的创业促进就业合作项目。
前排右三为笔者

康最密切的就是职业安全与健康（occupational safety and health，OSH），我就决定以这个作为项目的切入点。我知道大批农民工进城就业前都参加了当地劳动部门组织的初步培训，但这些培训没有或很少涉及必要的健康安全方面的知识。而生产中的事故70%以上都发生在农民工身上，致使不少农民工因伤致残，因伤致贫返贫。再加上社会保障缺失和不充分，一系列经济社会问题由此而生。于是，我就想是否可以把这个项目定位为健康安全就业。想好后，我便同会长交换了意见，然后带了一个助手到湖北和安徽两地调研，请这两个省的就业促进会会长协助组织调研会，到第一线听取主管就业的同志们对项目设想的意见。

　　我们得到的反馈非常积极，大家都认为这个主题太符合农民工的需要了，是积德的大好事，并希望在他们两省多安排项目点。第一线的反应如此积极更加坚定了我们对此项目的信心。回京后我们将基层的反馈充实完善到项目意见书中。赞助公司方面仔细审查了我们的项目后，我们趁该公司总部的一个高管及他们的几位负责人到北京出差之际，举行了隆重的项目启动仪式，并由人社部副部长和该公司总部高管签署了双方合作的正式协议。后来在执行过程中，各个项目点都结合当地实际，为农民工的健康安全就业做了实实在在的好事。

　　项目结束后，我们还组织了一个项目总结暨成果发布会，一些中央和地方媒体还对项目成果做了积极报道。我在这里仅提一点，那就是这个项目提出了"健

2005年，参加健康安全就业项目，到湖北实地考察。前排中为笔者

康安全就业"的理念，强调关爱劳动者身心健康和职业安全的重要性。这个项目在当时主管就业部门提出的方针基础上补充了"健康安全就业"这一重点，使方针更全面了，成了一个完整的系统，即"开发就业，公平就业，素质就业，稳定就业，健康安全就业"，更加体现了以人为本的发展理念。这个项目做出的贡献是值得称道的。

我从就业促进会退下来之前做的最后一个项目是同国际劳工组织北京局合作，开发中国就业质量评估指标体系框架。就业促进会考虑到中国作为一个人口大国，

2014年，湖北恩施项目总结会。图中发言者为笔者

代表中国就业促进会参加创业就业活动。图中发言者为笔者

从改革开放以来经济实现了长达 30 多年的高速增长，但就业质量还有很大的提升空间。党的十八大报告提出了"推动实现更高质量的就业"。但什么是高质量的就业？如何进行评估？促进会决定开发评估指标体系框架，以利于推动相关工作。

现在做项目跟改革开放初期做项目很不一样了，既不能完全本土化地"闭门造车"，也不能"生搬硬套"地把国外的做法一股脑搬进来。我们决定先搜集和了解国际上已经比较成熟的标准，如国际劳工组织的"体面劳动指标"，以及欧盟和劳工组织联合制定的"就业质量评估指标"，然后结合国内的实际情况进行仔细研究，最后我们研究制定出了一套包含五大维度、25 个指标的评估框架。为推广普及就业质量评估理念和推动指标评估工作，我们还组织开展了就业质量评估培训班，邀请国际劳工组织专家、国内知名学者和课题组专家为全国近 20 个省（区、市）的就业工作者进行专题培训。虽然那时我已是 75 岁的人了，身上还放了三个支架，但带着项目组的年轻同志到地方调研，工作起来常常忘了自己的年龄。真的，每当和同志们一起完成有意义的工作，我就感到特别快乐。

有时我想，到底什么是国际项目，什么是国内项目，现在真是很难区分。我的感受是不管是做国际项目还是国内项目，心中必须要对中国的实际有透彻的了解，同时一定要有国际的视野，一定要深谙国际的规则和标准。中国的就业离不开世界，世界的就业也离不开中国，我想"中国实际，全球视野，善学巧用"可能就是我们做好国际和国内项目的基本出发点吧。

2011 年下半年，全国政协外事局副局长对我说，经社理事会和类似组织国际协会将要在全球对落实千年发展目标中第一个目标"消除贫困"做得好的会员组织进行表彰，他觉得中国就业促进会可以提出申请。我获知此消息后特别高兴，觉得虽然我们以中国就业促进会的名义提交申请，但实际上我们是通过这个平台向国际社会展示我国在创造就业、消除贫困方面取得的举世瞩目的成就。我向会里报告后，秘书处同志就马不停蹄地积极准备申报材料，材料翻译后报政协外事局前，他们希望我最后审核一下。我从遴选委员会的视角看了英文材料，很遗憾，我觉得不行。材料的陈述方式和表达过于一般化，重点不突出，缺乏"亮点"，与国际上通用的理念和共识没有任何联系，材料这样递交上去，很难打动人，肯定没戏。因时间紧迫，最后会里决定要我直接用英文重写。因为我们提交材料过了规定的日期，我只好直接同遴选委员会通电话说明情况。当我同负责官员通话时，我抓住机会，介绍了我们如何根据中国的情况落实 Decent Work Agenda（体面劳动议程），如何努力 generate more and better jobs（创造更多、更好的工作），如何在做项目时采取 results-based management（以结果为导向的管理），等等。可以听得出来他很高兴，觉得我们之间用"共同的"语言在交流，沟通顺畅，是在用他们熟悉的语汇在讲中国故事。最后，协会在全球选出

代表中国就业促进会领取国际经社理事会颁发的 MDG "消除贫困奖"

了四个组织获得 MDG "消除贫困奖"，中国就业促进会是亚洲唯一的获奖机构。

担任中国经社理事会理事

2009 年，中国经社理事会致函给我，通知我被推荐为理事会的理事。这是我没想到的。在那之后的 5 年间，我非常荣幸每年作为中国经社理事会代表团成员参加中欧经社理事会一年两次的圆桌会议。圆桌会议分别在中国和欧盟轮值主席国召开，每次讨论一个主议题，同时上一个新议题。因为几乎每次会议议题与就业和劳动世界其他问题有关系，如体面劳动、劳工标准、社会对话、职业培训、创业等等，所以基本上每次我都有上会的任务。我想这可能主要有两个原因。首先是圆桌会议的议题大多与社会和民生问题相关，我在劳工组织工作 10 年，回国后又在就业促进会任职，对国内外劳动领域情况比较熟悉。其次是语言问题。中国经社理事会经费有限，不能给专家们都配备翻译，所以我的外语优势就派上了用场，我被安排上会的机会就多一些。虽说我是一人"战斗"，从材料收集、写发言稿、英文翻译直到幻灯片的制作全是我独自一人完成，但我背后有高效、高质量的非正式团队做后盾支持我，如果我需要什么最新的材料，就业促进会的小字辈们都会积极给我搜集提供。特别令我感动的是，当主管就业的副部长知道我需要我国应对 2008 年金融危机出台的更加积极的就业政策的相关材料时，他马上让秘书迅速提供给我。这些都是对我最暖心的支持。虽然每次参会我都要做很多准

备工作，但我只要想到自己还能做些有意义的事来回报国家和社会，我就感到特别幸福。

在这里我想举一个例子，分享一下我对于经社理事会讨论的感受。有一次，欧盟方面提交的议程方案中的主议题是 migrant workers（移民工人）。这个问题是欧洲国家，特别是西欧发达国家政府和民众非常关心的社会和安全问题，而我国的情况很不一样。所以会前经社理事会副秘书长和我一道同对方讨论议题安排时，我们向对方说明，虽然议程是 migrant workers，但双方讲的内容不是一回事。欧方讲的是在欧共体内部各国间以及从共同体外部进来的移民工人问题，而中方则是在 migrant workers 议题下讲中国快速城市化进程中的农民工问题。对这个议题的讨论主要是双方加深对对方关注的社会问题的了解。我在准备发言稿时，重点放在我国城市化进程中政府如何关注农民工"市民化"的问题，介绍政府在就业、培训、社保和教育等方面的政策安排，以及取得的成绩和存在的问题。对"农民工"的英文翻译，当时也没有统一的英文译法，有用 peasant workers、rural workers 和 farmers 的。我觉得这些都没有准确表达出"农民工"的意思，对方也不见得听得明白。我的英文处理是 rural to urban migrant workers（从农村向城市流动的工人），我觉得加上 rural to urban 有助于对方了解我们说的农民工是从农村转移到城市就业的人群。

我作为中国经社理事会的理事参加的会议和活动，主要是以介绍中国情况、

2012 年，在中欧经社理事会年度双圆桌会议上和与会代表合影。
左一为笔者

71

讲好中国故事为主，增进同对方的相互了解。要讲好中国故事，首先就要求自己对国情和国家的政策有很好的了解和掌握。在向对方介绍情况时，又要注意从对方的实际情况出发，针对对方的关注点，尽量用他们听得懂和习惯的表达方式讲述我们的故事，这样就会收到更好的效果，真正促进相互的了解。

几点感想

2017 年人社部国际合作司给我派了一个任务，让我在为推荐去国际组织工作或实习的同志们组织的培训班上分享我在国际组织工作的体会。后来我又参加了人社部和教育部联合组织的"鼓励支持大学生到国际组织实习任职全国高校巡讲团"，我和另外两位曾在国际机构工作的同事一起到了西安、广州、上海、北京等地巡讲，同全国几十所大学的同学们分享我们在国际组织工作的体会。从那时开始，我陆续参加了一些相关的活动。2019 年母校北京外国语大学新成立的北外学院聘请我为实践导师。在和母校的学弟学妹们的接触中，我常常被问到在国际组织里工作感触最深的是什么。这可把我难住了，我很难给出一个高浓缩的回答。我的回答和感受都分散在前面我同大家分享的故事里，远非几句话表达得了的。如果实在要用几个字来表达，我想用"永不言弃、视野、激情、专业"来概括。

永不言弃（never give up）。这一点很重要。我将近 60 年的职业生涯不断让我"一次又一次"深刻地认识到，只要是工作，就一定有困难，没有平坦大道。要迎难而上做强者，在困难面前不退缩，在挫折中变得强大。永不言弃，直至胜利。2019 年，我在北京外国语大学本科生毕业典礼上作为老校友对同学们说了下面一些话作为临别赠言，现在我也赠送给青年朋友们共勉。

视野（vision）。一个人的成长离不开时代的发展和社会的进步，把个人的发展同时代的发展联系在一起，我们才能走得远，走得好。说到视野，就是要把握时代发展的方向，抓住时代提供的机遇，以广阔的视野和宽广的胸怀融入时代的潮流。我们现在正处在一个新时代，我们要实现"两个一百年"奋斗目标，实现中华民族伟大复兴，在国际层面和各国一道打造人类命运共同体。每一个有理想有抱负的年轻人，就要抓住时代发展提供的机遇，担起时代赋予的责任，在这个过程中获得个人的成长和发展，实现人生价值，为国家、为人类做出自己应有的贡献。

激情（passion）。有了大方向，还要有激情，有行动，目标才能变为现实。

在北京外国语大学本科生毕业典礼上讲话

我们说的激情不是短暂的昙花一现，而是支撑我们不断前行的自我驱动力。要抵挡得住诱惑，经受得起挫折，在磨炼中成长。面对宏伟的目标，我们要志存高远，脚踏实地一步一个脚印地前行。千里之行，始于足下。Think globally, act locally.（全球视野，脚下践行。）

专业（profession）。对于专业，我们要精益求精，以大师为榜样培养自己兢兢业业一丝不苟的学风和严谨的治学态度。对专业要永存敬畏之心。时代发展很快，对知识的广度、深度的要求越来越高，对综合素质和能力的要求也越来越高。学无止境，我们要永远在路上。

我相信在新时代，在建立人类命运共同体的使命中，在国际舞台上青年朋友们会大有作为，前程无限。

回顾我的职业生涯，十分感慨。我有数次的职业转换，每一次都是一个超越自我的挑战，每一次都有来之不易的收获。特别是转换到性别领域，那是我曾经不感兴趣的一个领域，我的感受更为深刻。在国际劳工组织里 10 年工作的磨炼不仅彻底改变了我对性别问题的认识，而且在很多方面给了我丰富的滋养，开阔了我的视野，丰富了我的知识，使我接触到不少新理念，提升了我跨学科、多视角把握问题的能力，收获是全面的。最重要的是，我更加坚信中国的两句名言——"活到老，学到老"和"世上无难事，只要肯登攀"。我努力实践着我的座右铭："学习无止境，奋斗无穷期。"

PART 2

以勤补拙，奋进

宋允孚

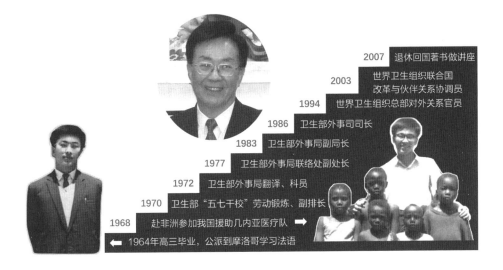

2007	退休回国著书做讲座
2003	世界卫生组织联合国改革与伙伴关系协调员
1994	世界卫生组织总部对外关系官员
1986	卫生部外事司司长
1983	卫生部外事局副局长
1977	卫生部外事局联络处副处长
1972	卫生部外事局翻译、科员
1970	卫生部"五七干校"劳动锻炼、副排长
1968	赴非洲参加我国援助几内亚医疗队 ➡
	⬅ 1964年高三毕业，公派到摩洛哥学习法语

家国情怀　国际视野

宋允孚，1945 年 8 月 13 日生于北京，1964 年高中毕业公派到摩洛哥学习法语，1985 年、1997 年赴美国乔治敦大学和法国国家行政管理学院进修，获联合国英语、法语程度证书。1968 年参加援助几内亚医疗队，历任卫生部外事局副处长、副局长，外事司司长，以及国际交流中心主任；1994 年赴世界卫生组织，2007 年退休回国。

宋允孚的故事可以概括成几个"外"：外国、外语、外事、外交和意外。19 岁出国学外语，23 岁去非洲援外，27 岁在卫生部搞对外交流，49 岁到国际组织搞多边外交。从出国留学到参加工作，从职务晋升到海外任职，每次都不是自我设计的，都是出乎预料的意外带来的改变。

他 62 岁退休，撰写了 3 部国际公务员专著和教材，合著 1 本外事礼仪书，开办讲座 300 余场，被 21 所高校聘为国际组织人才培养导师、特聘顾问、客座教授。时代变迁、形势发展，祖国需要、历史机遇，让他的经历有些特殊。看似偶然的意外，折射了历史的必然。机遇总是青睐有准备的头脑，机遇始终与挑战并存。抓住机遇，实现理想，关键是勤奋努力。天道酬勤、勤能补拙。他从小以"驽马先行，笨鸟先飞"为座右铭，不忘少先队员的呼号"时刻准备着"；如今给年轻人开讲座时，他强调"家国情怀、国际视野、志存高远、脚踏实地"。希望有志于进入国际组织的朋友们，能从他的故事中得到有益启示。

第一章 花样年华

京剧《红灯记》有个唱段《穷人的孩子·早当家》，唱词是"提篮小卖拾煤渣，担水劈柴也靠她"。我小时候家里也很穷，后来我成为国际组织的外交官，离不开父母的抚育、老师的栽培、国家的培养。

第一节 钟表匠之子

我 1945 年生在北京，18 岁前没离开过北京。我家住西城枪厂大坑胡同，那里既没枪也没坑，住的多是社会底层人民，我从小被打上了贫寒的烙印，眼界局限在北京西城。

穷孩子

我父亲是钟表匠，母亲来自京郊农村，拉扯着我们兄弟五个。我爸爸因双亲早逝，很小就外出当学徒。我童年记忆最深的是两种滴答声，一种令我烦恼，另一种让我遐想。我家租的房子破旧不堪，屋外下雨屋里漏，地上床上摆满脸盆，滴答声不胜其烦。我喜欢爸爸店铺里各种钟表的嘀嗒声，那代表了爸爸的手艺和我家的财源。爸爸文化水平不高，但人穷志不短，为人正派，手艺精湛，办事认真。他靠双手供我读书，我期盼长大后学好本领，做他的帮手。至今我的脑海里仍会浮现爸爸眼戴放大镜，全神贯注修表的样子。

爸爸的言传身教让我养成了不张扬、不服输、不偷懒的性格，从小与人为

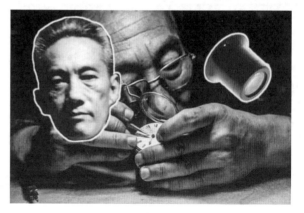

兄弟五人贫穷但快乐着　　　　　　　　笔者父亲认真修表

善，胆小笨拙，老实听话，让爸妈放心，老师省心。妈妈说我从小不爱动，放椅子上一小时也不挪窝儿。我家经济拮据，但爸爸送我上了北京幼师附属幼稚园。

小班长

我 1952 年在北京幼师附属第一小学读书。我小学加入少年先锋队当选为中队委，因为个子矮，排队总在前边。

我中学六年都在北京三中。三中历史悠久，前身是清朝八旗子弟学堂，至今已有近 300 年历史。开学老师宣布学号，一至六号是班委，我是一号，便自动成为班长。因个子矮，被同学称为小班长。那会儿，我不清楚三中的历史，只知道好多老师都是北京名师，感到很自豪。

我初三毕业准备报考民警。因为那时有部电影《今天我休息》，主角民警马天民不善辞令，处理私事尤显笨拙，但他熟悉业务，热心为民。但是，我体检视力不合格，没当成民警，继续读书。

高二准备高考，按文理科分班，我在理工班，是学习委员。分班后，王鹏亮和臧令瑜同学介绍我入团。他俩成绩优秀，待人坦诚，是我学习的榜样。我们班是优秀集体，好多人考上了清华、哈军工、北工大、北理工、中科大等重点学校。毕业直接参加工作的同学，不是成绩不好，而是家庭出身问题。我家境不好，但却因此遇到了天赐良机，我的寒门子弟的命运也由此改变了。

高三分班后的同学合照（前排中为笔者）

大学梦

我小时候的梦想很简单：好好学习，摆脱穷困。我想学医，当医生悬壶济世，后来听说清华大学土木建筑系是"工程师的摇篮"，又想上清华。老师告诉我，协和医大八年制、清华六年制，你家的条件不好，建议考哈军工（哈尔滨军事工程学院）。军校公费，对家庭出身有要求，你是穷孩子，根正苗红。于是老师指导我报了哈军工。

领到准考证后校领导突然找我谈话，要我改学外语。我不大情愿，心想"学好数理化，走遍天下都不怕"，可是不敢说。领导不等我回答，发我一张"出国留学生政治业务情况登记表"。拿着雪白的道林纸，闻着淡淡的油墨香，我真的感觉"天上掉馅饼"了。小时候幻想上大学再留学，但是从来不敢和别人讲，怕人笑话不知天高地厚。现在竟然还没上大学就能出国留学！

我不知道为什么我没经过考试就被选拔去留

高考准考证

学。论学习成绩，好多同学比我好；论师生关系，班主任对我不错，但我和老师没有特殊联系；论家庭背景，我父亲是钟表匠，后来在北京绘图仪器厂入党，当生产股长，但算不上是什么干部；论个人表现，我入团时间短，也不是团干部。后来随着阅历增加，我悟出其中的道理：在当时，又红又专非常重要。学校和老师为我们付出了大量心血，我感激校长李文彦、班主任范堂枢的关爱；感激臧令瑜和王鹏亮同学介绍我入团；感谢班长郑康和同学们对我的帮助。没有班主任的格外垂青，没有入团，留学的机会肯定不会轮到我。机遇改变了我的命运。

第二节　出国留学

1964 年 7 月 15 日是高考的第一天，那天早晨我到北京工人体育馆参加集训。两个月的集训让我开阔了眼界，提高了觉悟，懂得了个人前途并非命中注定的。派我们留学是国家外交事业的需要，我们要树立家国情怀，拓展国际视野，把个人前途与国家命运联系在一起。

总理的关怀

周总理 1963 年年底访问亚非 14 国，开辟了新中国外交工作的新局面。1964 年 10 月 16 日，我国成功试爆第一颗原子弹，国际地位得到极大提升，国家急需培养一批年轻的外交官。周总理决定选拔一批高三毕业生，送到国外学习外语。1964 年 3 月，高教部发出《关于 1964 年从高中毕业生中选派外语留学生的通知》，选派条件有以下几项。一、政治可靠，思想进步，背景清楚，在各项政治运动中表现较好。生活艰苦朴素，作风正派。学习努力，确有培养前途。二、各科成绩优良，语文成绩优秀，英语基础较好。三、口齿清楚，发音准确，会讲普通话。四、身体健康，五官端正，体检合格。高教部从京、津、沪、宁选拔了 400 名高三毕业生，派到 30 多个国家和地区，有的人学法语、西班牙语、阿拉伯语等较大的语种，也有人学挪威语、丹麦语，甚至马里当时还没文字的班巴拉语。这体现了周总理高瞻远瞩的战略部署。一旦国家恢复在联合国的合法席位，就要大力发展外交关系，包括与大国、小国，穷国、富国的关系。领导对我们说我们的留学任务紧急，万一国家急需，没毕业证书也要回国服务。

周总理 1964 年 7 月 31 日会见首都应届大学毕业生，特别安排我们这批留学预备生聆听总理的报告"革命与劳动"；高教部杨秀峰部长、外交部王炳南副部长、国务院外办张彦副主任给我们做报告，安排我们参观上海江南造船厂、鞍山钢铁厂、抚顺露天煤矿、长春汽车制造厂。这是我第一次离开北京，看到国家建设的成就，更加热爱伟大的祖国。

凉鞋的故事

国家无微不至地关怀我们。集训时发个人生活用品，我领到平生第一块香皂。我们住在北京工人体育馆，每顿饭十人一桌四菜一汤，这样吃得胖胖的，到国外不会给国家丢脸。每人发了 600 元，除了做两套西装，剩下的由个人支配，购买毛衣、衬衫、领带、皮鞋、鞋袜。我买的凉鞋比普通皮鞋贵，还有女生买了高跟鞋和花色连衣裙。谁知这事儿汇报给中央领导后，邓小平指示：如果买了，一定要换。李富春副总理指示：要在思想上、行动上艰苦朴素，要有勤工俭学的风气。集训班立刻开会传达，我便把凉鞋换成了普通皮鞋。这段往事，反映了当年的政治

留学摩洛哥同学出国前合影（二排右五为笔者）

气氛和对青年学生的思想教育。正是这样的教育，培养了我们艰苦奋斗、勤俭节约的作风。

从外地参观返京后，我得到通知被分配去摩洛哥学法语。那时，我们还都是稚气未脱的孩子。

从 ABC 学起

我们于 1964 年 9 月 21 日出发，途经莫斯科，25 日抵达摩洛哥首都拉巴特。那时，在国外要抵制国外资产阶级风气腐蚀，警惕敌对势力"策反"，大使馆专门为我们租了一幢别墅，国内还派来厨师，照顾我们的生活。每天早点面包牛奶、黄油果酱，法棍面包（baguette）外焦里嫩越嚼越香，开始每人吃一整根，腮帮子都磨破了。

摩洛哥没有专教留学生的预科学校，学习条件不如法国。我们"目不识丁"，不能马上进当地大学，便请了家庭教师从 26 个字母学起。开始没字典，第一堂课请大使馆的翻译帮忙。老师带着香蕉、苹果、鸭梨，我们像幼儿园小朋友一样看图识字。开始我们闹过不少笑话，老师在黑板上画一个图形，有人猜是砝码，有人说像井台，老师写上 kg，才明白是千克的意思。有一次考试，老师在黑板上画了几个圈，圆心画上了两条线。我们看不懂问什么问题，很久才明白圆圈是时钟，他要我们用法文写出是几点钟。凭着年轻好胜，我们进步很快，第二年全部进入穆罕默德五世大学文学院，和当地同学一起上课。高教部考察组到法国、阿尔及利亚和摩洛哥视察时，对我们留摩同学的成绩表示满意。

使馆非常重视我们，杨琪良大使经常给我们做形势报告，讲述外交政策。使馆安排我们参加国庆招待会，让我们在实践中学习。使馆还和我们搞文体活动，我们还自己排演任效忠同学创作的活报剧。辅导员指导我们学《毛泽东选集》、写日记、谈感想。沈孝泉、杨文珍、钱慰曾等同学文笔好，我们一起出黑板报、墙报交流学习心得。

摩洛哥曾是法国殖民地，受欧洲的影响比较大。我们身处"花花世界"，必须抵制"资产阶级生活方式"。我们有一台电视机，但只许看新闻节目，新闻一结束必须立刻关机，不让看其他节目。拉巴特海边是日光浴胜地，我们在大西洋游泳锻炼时，也不忘阶级斗争。1966 年我在海滩拍照留念，照片背面写的几句话反映

笔者（左一）和任效忠、王敬诚排演活报剧　　　　海滨游泳照及照片背后的几句话

了当年的思想："不怕国外海滨游泳场，是资产阶级思想的大染缸。学好毛著，心明眼亮，站稳立场，勇于斗争。不仅经风吹浪打，炼壮了身体，更战胜香风臭气，练红了思想！"

我不是疯子

我们那时年轻，政治上不成熟，有时显得相当稚嫩。老师是第一次教中国学生，汉语四声对他来说是"佶屈聱牙"，因此他独创了点名方式，梅广海叫两字"没—光"，徐东华成了"冬—瓜"，陈琴坤被叫成"顷—顷—哐"，毛桂荣只呼其姓"玛—奥"。他称呼我只喊名字的最后一个字，而"孚"的发音 fou 在法语里是疯子的意思，我便装没听见。他把眼镜推到鼻尖，两眼盯着我："听到我叫你吗？"我回答："Je m'appelle Yunfu, je ne suis pas fou!"（我叫允孚，不是疯子！）从此他不再叫我 fou 了。

按计划我们 1966 年暑期要回国休假，接受爱国主义教育。由于爆发"文革"，中央决定暂时不让我们回国。国内给我们寄来《毛主席语录》，我们手捧"红宝书"和使馆领导合影，没想到这是我们在摩洛哥的最后一次合影。不久，接到回国的通知，我们之后再也没有机会返回拉巴特完成学业。

回顾在摩洛哥的留学生活，我感激杨大使等使馆领导，感激管理员王景文三秘、辅导员关崇恩和王志诚老师。他们在政治上、思想上领导指导我们，在学习上、生活上关怀关心我们，使我们在后来的工作中做出各自的成绩。

回国前和使馆领导合影。最后排右四为笔者

第三节　中断学业

1967 年 1 月，高教部通知留学生回国参加运动。2 月 5 日，我们抵达北京首都机场。

我们很快被卷进"文革"浪潮，因为没有所属院校，便被称为"归国留学生"，晚上睡在北京航空学院教室的水泥地上。个别南方同学不习惯北方饭食，把馒头丢进垃圾桶，北航同学就贴了大字报，批判归国留学生是修正主义苗子。为了避免学生之间发生冲突，上级把我们转移到友谊宾馆东北区（现苏园）。原来住那里的苏联专家已经撤走，家具也没有，我们继续打地铺。大家每天到高校看大字报，参加高教部运动，后来又争取到去外交部参加运动的机会。

随着时间的推移，我们逐步从亢奋走向平静，开始思考未来。周总理一直关心着我们，并于 1967 年 12 月 17 日接见部分同学，询问我们的运动和学习状况，要求大家搞好政治学习，加强身体锻炼，听党的话跟党走。为防止极左思潮扩散到国外，总理决定：学小语种的继续出国完成学业，学大语种的"提前毕业，优先分配"。总理说，外语一时用不上，安排工作有困难，大家不要着急，中央在考虑，学外语的学生去劳动锻炼，作为人才储备。根据周总理指示，1968 年年初，部分同学陆续出国继续学习，我们学法语的留在友谊宾馆等待分配。

我们出国学习前，领导说万一国家急需，没毕业证书也要回国服务，没有想到一语成谶，我们提前毕业但没有毕业证书，直到 1984 年教育部才给我们颁发"学历证明书"。我们出国留学没正式毕业，工作后再没有攻读学位的机会，成为名副其实的"三不是"：既不是学士，也不是硕士，更不是博士。

笔者的学历证明书

1968 年，全国群众组织实行"大联合"，归国留学生红卫兵成立联合总部。我是归国留学生红卫兵勤务站（简称"红勤"）在总部的三名领导之一，负责分配工作。所谓负责分配，其实就是给军训团跑跑腿，接待招聘单位，协调各派同学报名，组织安排面试，将招聘单位确定的名单报军训团批准。三派同学虽然在运动中的观点不同，但对分配办法没异议，我的工作比较顺利。

当时用人单位很少，不要说外交部，就是到农村教书也不易。由于让我负责分配，任何单位招聘我都没有报名，那个时代同学们的觉悟都比较高。1968 年 3 月，军训团李团长通知我说我被分配到卫生部。我从来没有报名，怎么会被分配呢？李团长说："我们知道你没报名，卫生部看中你了，他们面试已确定 11 人，还缺 1 人。其他 11 位同学先去卫生部报到，你处理完手头工作再去。"他补充说："这是最后一次分配，中央决定归国留学生很快要下农场。"我就这样服从组织决定，由此开始了 40 年的卫生外事生涯。

1968 年 4 月去卫生部报到后，我才了解了被分配的内情。卫生部负责招聘的同志从 30 多位候选人中选定 11 人，还缺 1 人。这时，他们遇到总部的一个同学，介绍说某某同学表现不错。卫生部同志说，那就请他来见面谈谈吧。这位同学说，他自己就是某某。结果给了卫生部同志不好的印象，他们便向军训团提出选我。我负责分配，从没想过近水楼台先得月。那时候多数同学思想都挺革命的，我没毛遂自荐，反而被看中，这让我感到人还是没有私心的好。

和去农场的同学相比，我很幸运。但是，去农场的同学经过两年锻炼，遇到了新机遇。1971 年，我国恢复了在联合国的合法席位，这些同学后来基本都被对口分配，分别去了外交、外贸、外经、外宣、外语、涉外旅游等部门工作。2014年，我们留学 50 周年，留摩同学编撰了一本纪念册，取名《归鸿追梦》。纪念册回顾了 50 年来大家的学习、工作和生活情况，我们没有辜负党和国家的培养，几十年来在不同岗位默默耕耘，为国争光，取得了喜人成绩。

纪念留学摩洛哥 50 周年，25 位学友在京聚会合影。二排左一为笔者

　　我参与了纪念册的策划和编辑工作。小册子封面采用摩洛哥的著名清真寺为背景，上方的大雁象征我们这些归国留学生；封底是我收集的当年所有同学和老师的旧照，包括英年早逝的同学和联系不上的学友。正是：忆往昔，同学少年，风华正茂；看今朝，老骥伏枥，桑榆未晚。

留学纪念册封面和封底

第二章　卫生外事生涯

　　1968 年我被分配到卫生部，先后参与援助非洲医疗队工作、改革开放后争取国外援助的项目，以及国际组织的多边外交工作。我的工作内容随着国家政策的发展而变化，工作岗位和职务晋升也都受到国际、国内形势发展的影响，因此只有不断学习，与时俱进，才能跟上时代脚步。

与中国医生、几内亚朋友在一起。二排中间戴草帽者为笔者

第一节　援助非洲

1968 年，12 名从法国、阿尔及利亚、摩洛哥和马里归国的留学生被一次性分配到卫生部，这与非洲民族解放运动密切相关。1962 年阿尔及利亚独立，法国撤走了他们的医生。应阿方请求，周总理决定组派医疗队。1963 年，第一支中国医疗队抵达阿尔及利亚。我参加的是中国第一支派往几内亚的医疗队。

里里外外一把手

非洲疫病流行，条件艰苦。我第一年在首都科纳克里做中国医疗队队部秘书兼翻译，负责对外联络，教医生法语，翻译针灸教材搞教学，绘制科普画做宣教，陪医生给总统、议长看病。第二年，我轮换到高瓦尔省，按照毛主席"把医疗卫生工作的重点放到农村去"的指示，去偏远村落巡回医疗。吉普车里热得透不过气；罐头打开吃不完怕浪费，剩下的让我吃光，后来闻到罐头味儿就恶心；国庆节招待地方军政官员，我负责放映电影并翻译；平时开荒种菜，养鸡帮厨，理发开车；农村没电，我负责用发电机发电，用水泵抽河水。非洲艰苦的环境，把我培养成了"无所不能"的多面手。

和几内亚小朋友合影

在几内亚驾驶北京吉普

肺结核与打摆子

条件艰苦不可怕，感染疾病才可怕。有的病人是文盲，问他们是否咳嗽就对着我咳。我每天下午面部潮红，拍透视发现是肺结核，吃了半年药，至今肺部都有钙化点。非洲蚊子厉害，我还得了疟疾，高烧到40度，胃肠型疟疾上吐下泻，注射奎宁疼得像蝎子蜇。我长智齿时疼痛难忍，医疗队没口腔科医师也没专用器械，耳鼻喉科大夫给我治。智齿不好处理，只能拔掉好牙。更可怕的是麻风病，我们的病人里有不少人患有麻风病。这是一种由麻风杆菌引起的古老的慢性传染病（中国已经消灭），病变在皮肤和周围神经。病人和我们见面时显得非常热情，但握手时我才发现他的手指和脚趾都烂掉了，口鼻眼处也有瘢痕。我心里吓得够呛，这是一种慢性病，潜伏期最长超过10年。我才20多岁，要是感染了，30多岁时发病，没了手指、脚趾，得多可怕啊。

还好，我圆满完成了在几内亚医疗队两年的工作。可是，准备回国之时，又遇到雇佣军入侵几内亚比绍共和国。就在我们所在的高瓦尔省西北几十公里处，炮声隆隆，交通阻断，幸亏几内亚士兵荷枪实弹为我们站岗放哨。我当时年轻，真的学习了解放军"一不怕苦，二不怕死"的革命精神。我们的行为感动了当地老百姓，回国时他们自发前来送行，个个泪流满面。几内亚上至总统下到平民，无人不知中国医疗队。我开吉普车进总统府不用通行证，总统车队在路上遇到我们，每次都下车打招呼。

中国医疗队的医护人员和中国其他援外人员，赢得了非洲发展中国家的广泛好评。和其他同事相比，我做的工作微不足道。当时在几内亚有上百位中国援外人员，当年在摩洛哥一起学法语的同学还有四位也被派去了几内亚。我的这些同事来自国内的建工部、轻工业部、外经部、卫生部，分别在工程技术组、援几内亚基地、驻几内亚大使馆经参处和医疗队工作，他们的表现比我优秀，有的还在那里加入了党组织。

我国1971年恢复在联合国的合法席位。毛主席曾说，"是非洲朋友把我们抬进联合国的"。对此，我深有体会，我们的确为非洲朋友做出了无私的奉献。

与在几内亚的同学合影。左起：任效忠、阮耕和、张惠国、宋允孚、刘秀珍

第二节 干校锻炼

我 1970 年回国，原以为回北京是去参加外事工作，谁知被安排去江西劳动。军代表说：你们现在 25 岁先到干校锻炼两年，然后再去非洲援外，至少还能去 5 趟。难道我们 35 岁前的命运就这样定了？大家心里不愉快，但在行动上服从命令，回国一个月后就赶到江西。

插秧能手

卫生部干校共六个连队，原卫生部机关的老部长、老局长都在我们二连。我所在的二排有参加过长征的崔义田副部长、吴日承司长等，我报到后被任命当副排长负责生产，我很快成了二连插秧能手。

江西种双季稻，劳动强度大，早春育秧田里有冰碴儿，一双赤脚冻得通红。夏季施肥又脏又累，从厕所淘两桶粪水，担在肩上赤脚走在滑溜溜的田埂上摇摇晃晃的。我是副排长，责无旁贷要负责把粪桶提进田里泼洒，遇到刮风，飘得满头满脸都是粪。我还学会了和泥、脱坯、砌墙、宰猪、打井、挖渠。休息时，我给大家理发，手指磨出了水泡。周末，我和电工张师傅给全校放映电影。我们几位翻译年龄小，重活儿、累活儿都给我们，我开玩笑说是"劳动常委"。谁知传到老领导李家蕙耳朵里，批评我不该说话太随便。李老 2020 年时已 100 岁高龄，思路敏捷，头脑清晰，仍关注着当年的小字辈。

期盼返京

1971 年 9 月以后，老同志陆续返京。1972 年春节，大家都回北京过年，只剩我和两位"清查对象"，三人围坐在炭火旁过除夕，凄凉情景至今难忘。我参加工作的头四年，两年非洲，两年江西，都很艰苦。常言道：人没有吃不了的苦，只有享不了的福。再苦再累我都挺过去了，后来的进步还要感谢当年的锻炼。孔子曰："不怨天，不尤人，下学而上达。知我者其天乎"；"下学，学人事；上达，达天命"。他的意思是：遇到困难不怨天尤人，可以通过学习平常的知识，理解其中的哲理，获得人生的真谛。我觉得，人不可小觑艰苦锻炼；只有志存高远、脚踏实地、自觉历练，方能有所成就。卫生部 1972 年撤销干校，我才返回北京。

第三节　法语翻译

1972 年回到部机关，我发现卫生部的外事工作和外交部大不一样。外交部分工明确，各司其职，地区司负责调研和政策研究，国际司负责多边和国际组织相关事项，礼宾司负责礼宾。卫生部的主要任务是医药卫生工作，外事工作不是重点，但外事局的工作任务繁杂：外宾来访、领导出访、口译笔译、公文撰写、首长会见、谈判签约、礼宾礼仪，无所不包。

"万金油"

我最初在外事局地区组搞双边交流，第一次参加接待的是刚果共和国卫生部部长。李先念副总理会见代表团一行时，我担任记录，那时担任翻译的是我在摩洛哥留学时杨琪良大使的翻译老田（他后来成为我国的驻外大使）。

但是，总体上法语的任务不多，我更多的是给别人打下手。例如外宾来访前，制订接待计划，落实参观访问单位，预订机票车票。70 年代涉外宾馆少，我们要提前到服务局申请旅馆。有时来 6 位客人只给 3 个房间，外宾不愿合住，搞得我们很尴尬。更糟的是外宾到了还没房间，只好先去游览。外宾抵达时，我们帮他们办入境手续，当"小红帽"给外宾搬运行李。如遇商签合作协议，还要拟谈判方案，准备文本；部长来访，要打报告请中央领导会见，联系会见地点，通知新华社。至于写讲话稿，排座次，包礼品，更是家常便饭。总之，事无巨细，都要会干。说好听点儿，是一专多能的多面手，其实就是"万金油"。接待工作涉及方方面面，我样样都参与，但很难样样都精通，这就更要求我兢兢业业。外语对口的时候当翻译，外语用不上就在后台打杂。这并不是我心目中的外交，但实践说明，对外交往是项大事业，每人负责一部分，每样都不可缺，外事工作需要这样的"万金油"。回京两年后，我第一次获得了出访机会，其间发生了一件事，加深了我对"万金油"的认识，使我认识到这样的工作更锻炼人、考验人、培养人。

1974 年 11 月，中国民航开辟了北京—巴黎国际航线。对外贸易部柴树藩副部长率团访法。代表团 59 人，有民航领导、社会名流、省市代表和国家部委干部，碰巧我和留学摩洛哥的同学杨文珍都是成员。访问快结束时，巴黎市长希拉克要会见我们。我们出发去市政府，发现有行李没装车，负责礼宾的老领导发火："怎么搞的！迟到谁负责？"我和杨文珍不是礼宾组成员，见此情景主动请命，指挥服务员查看房间，让司机把车上行李卸下来让大家确认。10 分钟全部搞定，全团准时出发，大家皆大欢喜。

我们都不是专职礼宾干部，杨文珍是中国国际旅行社（国旅）干部，我是卫生部翻译，关键时刻毛遂自荐，圆满完成"分外任务"，恰恰是"万金油"式历练的结果。行李看似事小，此时却成大事。可见，搞外事靠"单打一"不行。杨文珍后来成为对外旅游业的"拓荒牛"之一，之后晋升为国家旅游局国际司司长、总局驻法国代表。《颜氏家训》说，"有志尚者，遂能磨砺，以就素业"。六七十年代我们学习雷锋，干一行爱一行，爱一行专一行，在平凡岗位上实现人生价值。其实，在任何时候做任何工作，都需要踏实认真、刻苦努力的态度。不因事小而不为，不因困难而畏惧，要勤于学习，善于总结，全面锻炼，综合发展。唯如此，才能在遇到重要工作时，得心应手挥洒自如。

"司礼宾"

卫生部外事局接待工作也涉及中央领导会见外宾，但没有专职礼宾干部，因此我们也常常"司礼宾"，从给国务院写请示报告，到安排会见时的合影排位、翻译、记录，都要参加。最难忘的是，我有幸再次见到周总理，两次见到邓小平同志。我至今珍藏着当年周总理等党和国家领导人会见外宾的照片。

1973 年阿根廷卫生国务秘书利奥塔访华。那时我国心脏直视手术刚起步，利奥塔是知名心外科专家，擅长心脏搭桥手术。周总理 11 月 8 日抱病会见。部领导要我负责引见，安排合影位置，我不懂西班牙语，工作有压力，但是圆满完成了任务。这是我第三次见到敬爱的周总理，终生难忘。

1980年举办了中法医学日，3月31日邓小平同志会见了法国代表团。这是我第一次见到他，双方会面时我当翻译。会见前，我随部领导提前到人民大会堂等着向邓小平同志汇报外宾活动的情况。邓小平同志抵达时，所有人都站起来，我们年轻人自觉站到部领导身后。没有想到，邓小平同志主动和我们站在后排的小字辈亲切握手，这给我留下了终生难忘的记忆。这次活动推动了中法两国医药卫生界的合作交流，上海第二医学院（现上海交通大学医学院）恢复了和法国医学界的学术交往，法国给中国提供奖学金接受中国医生到法国进修学习。其中很多人学有所成，如上海第二医学院附属瑞金医院陈竺医生1984年前往法国，获巴黎第七大学血液学研究所博士学位，1995年当选为中国科学院院士，2000年任中国科学院副院长，2007年至2013年担任卫生部部长，2010年至2015年任中华医学会会长，现为全国人大常委会副委员长。

1983年为马海德医生来华50周年（他是黎巴嫩裔，生于美国，抗战时期到延安）。12月22日，邓小平等14位领导参加会见。部领导要我们负责礼宾，我再次见到邓小平同志。那次会见活动出现了两个插曲，让我非常紧张。原定会见马海德夫妇，但马老还带来了孙子、孙女。合影位置早已经安排好，加座位困难，而且两个孩子和领导坐一排也不合适。情急之下，我灵机一动建议让他们蹲在马老夫妇膝下，这样既亲切又不影响座位。岂料合影后又出意外，邓小平同志原定不出席招待会，但马海德临时邀请他，让我非常紧张。招待会在东大厅，主宾席已布置好，那时候没无线通信设备，怎么通知？我马上从人民大会堂西侧跑到东大厅，重新布置。中央领导步入现场时，一切安排就绪，活动顺利进行。我忙得满头大汗，但为此受到了表扬。中央领导十分关心卫生工作，几乎会见了我们接待的每位外国卫生部部长。我参与了多次会见的具体工作，有幸见到多位国家领导人。参加会见活动，我亲耳聆听领导与外宾的谈话，学习良多，受益匪浅。

"吃螃蟹"

"文革"结束后的1977年，我被提为卫生部外事局联络处副处长，1983年晋升为副局长。起初我有点不安，不过组织如此信任我，自己还能说什么！令我唯一感到安慰的是，那时晋升是不涨工资的。

职务晋升给了我更多锻炼机会。卫生部老领导忠诚于党的事业，带领年轻人走在改革开放的前列。对外开放初期，工作上并非一帆风顺，常遇到不同意见、思想羁绊、政策滞后的情况。钱信忠部长是长征干部，敢为天下先，敢于"吃螃蟹"。在老领导指导下，我见证或亲历了当年的困难、困惑，更加体会到成功的欣喜欣慰。

1979年1月1日中美正式建交，同年邓小平同志访美，揭开了两国关系的新篇章。邓小平同志访美期间，双方于1月31日签订两国政府科技合作协定。6月22日，两国卫生部门签署卫生合作议定书，这是两国政府业务部门间的第一个协议。我当时是卫生部外事局联络处副处长，参加接待、谈判、签约。我和英语翻译参与和美方谈判，字斟句酌，讨价还价。当对方不得不接受我方提案时，我们兴奋得难以言表。钱信忠部长和美国卫生部加里法诺部长签字时，我为钱部长助签。1981年黄树则副部长率团访美，商谈第二期合作，我再次参与其中。双方在肿瘤、心血管、妇科、儿科、眼科、免疫、流行病、公共卫生等十个领域开展交流，合作延续至今。

协定签字（右侧为钱部长助签者为笔者）

1980年是中美建交第二年，钱信忠部长率领中国第一个部长级代表团访美，结识了赛克勒博士。1981年赛克勒博士应邀来访，双方商讨合作出版《中国医学论坛报》，引进国际最新医学信息。当年秋天黄树则副部长访美，双方在纽约正式签约。这是我国第一次和国外合作办报，政治敏感度不言而喻。卫生部与各有关方面反复沟通协商，经三年艰苦努力，《中国医学论坛报》于1983年7月创办，受到医务工作者好评。

与赛克勒博士（右）及其助手卡特（左）合影

1981年9月，中国和丹麦创办了医学生物学研究生培训中心，这是我国首次接受外国官方发展援助。丹方无偿提供先进设备，派专家来华任教。项目的起源是钱部长1977年访问丹麦，结识了国立血清研究所西姆所长，双方初步酝酿项目。钱部长回国后，安排我落实。经贸部那时没开展过类似项目，我们没先例可循，边干边学不断摸索。我参与同有关部委协商沟通的工作，从给国务院打报告、与丹方谈判、办理设备过海关的手续、组织招收学员，到策划落成典礼、协调管理，这是一系列全新的工作。其间我遇到了种种难题，经过几年努力，最终获得了成功。我从中学到了很多知识，受到了很多锻炼，为日后取得更多外援获得了有益启示。

1984年开院的中日友好医院是我国第一所现代化医院，由日本政府无偿援助。日本首相大平正芳1979年访华，钱部长从那时起便酝酿，争取与日本合作建设现代化医院，也遇到了很多困难。我参与了部分工作，深知在这么短的时间内批准立项、开工兴建，饱含着老部长、老领导、老同志的辛勤、辛苦、辛劳。

我任副处、副局期间，参与了"三引进、一培养"工作（引进国外资金、技术、设备，培养人才），为卫生事业现代化服务。如80年代初，我们通过对外经贸部接受了澳大利亚对华的首批官方援助，选派32位医生赴澳进修，邀请澳方专家来甘肃等地开展克丁病防治合作，从澳方引进国际标准输血袋生产技术等。又如，我们通过国家进出口管理委员会接受了意大利对华首个援助项目，为北京急救中心提供先进急救车等装备。再如，1982年外事局在部领导支持下报国务院批准，成立了医疗卫生服务公司。1983 年 12 月，我兼任公司总经理，1984 年年初组建了公司实体，为开展民间对外合作奠定了基础。

我做了 10 年处、局领导的副手，我认为，副手要有理解力与执行力，必须学习。古人云"善学者，师逸而功倍，又从而庸之；不善学者，师勤而功半，又从而怨之"。所谓善学，不只是从书本、文件、会议中学习，更要向实践学习，在干中学，在学中干。年轻人，要学会观察领导怎样干、为什么那样干，体会其思想方法、处世态度、办事经验。个人的进步，靠自己的努力，要发挥主观能动性，变"要我干"为"我要干"，变"要我学"为"我要学"，不仅"学会"而且"会学"。我的进步离不开老领导的教导指导、关心关爱。我从普通翻译成长为副处长、副局长，十分感激薛公绰局长、徐守仁局长、程克如副局长、李家蕙副局长付出的心血。

笔者（左一）和外事局老领导合影

第四节　不负重托　主动开拓

我 1985 年赴美国乔治敦大学美国文学院进修，1986 年 6 月底回国后陈敏章副部长约我谈话，要我接任局长的职务。我自知没有这个能力，推荐了另两位同事，请人事司赵竹岩司长帮我游说，但他告诉我由于党组已报中组部批准，不能更改了。担任司长是我的"仕途"之巅，却让我感到相当苦闷。

我一直搞双边往来，国际组织、援外工作接触不多。业务不熟可以学，但一把手的主要任务是管理工作，政策、人事、党务这些都不是我的强项。处理上下左右、方方面面关系，协调里里外外矛盾，让我感到头疼，何况"人怕出名猪怕壮"，我性格内向、行事低调、不事张扬，不适合这个岗位。但7月16日任命下来，没讨论余地，我只能和领导一起去北戴河参加卫生部暑期办公会。休息时我独自一人在海边徘徊，心绪复杂难以言状，这是我一生中最难熬的阶段。

经过半年的思想斗争，我终于下定决心，全力以赴。1987年，我提出"团结、开拓、高效、廉洁"的口号，和大家一起努力，随后多边、双边、官方、民间各项工作都取得了新进展。1989年，我促成全国卫生会议首次把外事列入部长报告，我们在国际组织、民间交流、双边往来等方面开创了几项"第一"，连续三年被评为先进单位。1990年，我们获得了中央和国家机关优秀基层党支部称号，我被评为卫生部机关优秀党务工作者、卫生部京内直属系统优秀党务工作者。

成绩的取得，归功于改革开放政策，归功于卫生部党组的领导，归功于老领导提供的榜样力量。时代给了我们机遇，我紧跟时代步伐，积极进取，主动开拓，带领单位的同事们做出自己的奉献。回首往事，问心无愧。

中共卫生部直属机关委员会颁发的证书

多边合作　国际组织

中国首次在世界卫生组织做提案国。1987年5月，中国代表团在第40届世界卫生大会上提出"到2000年基本消灭麻风病"的决议，这是中国首次在世卫组织以提案国名义提交决议草案，也是世卫组织首次提出消灭麻风病。中国能够提出消灭麻风病的提案，首先感谢卫生部顾问马海德。我根据他的指示精神，成功做好了有关方面的准备工作。1986 年他对我说："你现在是外事司司长，也就是中国麻风防治协会外事组组长（马海德是该协会主席）。中国要在本世纪末消灭麻风病，世卫组织要把它作为世界的目标。"我当时感到很为难，因为中国恢复世卫组织合法席位近 15 年，从没提交过任何决议草案，但马老是卫生部顾问，他的话就是命令。幸好我那年被指定为世卫组织执委会成员，我便利用在日内瓦开会的机会请教了世卫组织官员。对方说，消灭麻风病，不论 elimination（消灭）还是 eradication（根除）都很难做到。为落实马老指示，我煞费苦心，反复斟酌，终于找到了办法：在 elimination 前加 towards（迈向），题目叫 Towards the Elimination of Leprosy（迈向消灭麻风病）。1987 年，提案获大会一致通过，WHA 40.35 号决议成为一个里程碑。24 年后的 2011 年，世卫组织告诉我：过去召开过 63 届世界卫生大会，共通过了 11 个麻风决议，中国的提案第一次把麻风病列为"人人享有卫生保健"的内容。在 1987 年第一次提出消灭麻风病，了不起！

中国首次承办世卫组织国际会议。1987 年 9 月，第 38 届世卫组织西太平洋区域（简称"西太区"）委员会会议在北京召开，这是中国首次承办世卫组织国际会议。为了实现在中国举办国际会议的愿望，我们 1986 年 9 月在马尼拉召开西太区会议时就开展了争取工作，得到了世卫组织区域主任以及各会员国的一致赞同。我在国际会议工作方面经验不足，便动员外事司和部机关有关人员集思广益。经过近一年的精心筹备，终于保证了会议的圆满举行。会员国和西太区主任及国际机构代表 100 多人参会。陈敏章部长率中国代表团 11 人参会，我担任副团长。会上，陈部长当选为大会主席，万里副总理出席了开幕式。

笔者作为执委会代表出席世界卫生大会

中国部长首次当选为世界卫生大会的主席。1988 年 5 月，第 41 届世界卫生大会上，陈敏章部长当选为大会主席。这是世卫组织历史上，中国部长第一次担任大会主席。他以丰富的外交经验，熟练的英、法文，成功处理突发的棘手问题，受到广泛称赞。同年，我当选为世卫组织执委会代表，出席卫生大会，这是我国执委首次代表执委会出席大会。

坚持对外开放　抵制制裁

1989年下半年，我们的对外交流遇到了一定的困难。但是，我们外事司坚持对外开放，始终保持和世卫组织驻华代表处的密切联系。基恩博士是世卫组织代表，他是联合国机构留在北京的唯一高级官员。8月2日，我们按原计划在京召开"中国－世卫组织联合协调委员会"，世卫组织西太区主任韩湘泰博士率团与会。这是在那个特殊时期在京召开的唯一的国际会议。我们安排陈敏章部长和曹泽毅副部长参加开幕式，卫生部各司局领导出席招待会，一扫西方造成的阴霾气氛，鼓舞了对外开放的信心与士气。我主持了那次活动，深感只要我们坚持改革开放的方针，做好国际组织的工作，我们终将可以克服一时的困难。

陈敏章部长（左二）出席笔者（左三）
主持的会议

与韩湘泰（左）交谈

同年8月，加拿大籍华人谢华真提出来访，希望会见党和国家领导人，介绍国际有关情况。他是著名儿科医生，1987年创办了加中儿童健康基金会，李先念主席担任基金会中方名誉主席。如能安排他来访，这对我国做好对外工作，无疑是有益的。经过我们积极努力，这一安排获得了上级批准，江泽民总书记会见了谢华真，这是他担任新任总书记后会见的卫生部首位客人。

工作方针

两个"服从与服务"。1989 年 11 月，我主持策划召开全国卫生外事工作会议。我在大会发言中结合我们的具体工作性质，第一次提出了卫生外事的"两个服从、两个服务"。首先，卫生外事工作服从并服务于外交政策，配合我国外交斗争；卫生外事不同于外交，但又是其组成部分，受对外关系制约，也促进对外关系发展。其次，卫生外事工作要服从并服务于我国卫生事业的需要，为我国卫生事业发展服务。该会议对继续坚持对外开放，具有重要的推动作用。我首次提出的"两个服从、两个服务"后来被卫生部外事工作系统长时间沿用。此后卫生部每年召开全国卫生会议，部长都把外事工作列入会议报告。

全国卫生外事工作会议代表合影

双边合作

争取双边赞助。中日友好医院于 1984 年正式运营，我担任司长后除继续开展该医院与日本的技术合作工作之外，还进一步和日方协商，开拓了在我国东北地区的两个较大的合作项目。1989 年，我协助中国医科大学、白求恩医科大学与日方商谈合作项目，并多次陪同日本厚生大臣桥本龙太郎到沈阳和长春考察，成功争取到日方捐助中国医科大学中日医学教育中心（沈阳）和中日联谊医院（长春）。"中国医科大学中日医学教育中心" 11 月被列为两国政府合作项目，我代表中方签字，该中心推动了中国医科大学日语医学教育，为培养医学人才做出了贡献。中日联谊医院在长春经济技术开发区，由卫生部拨款，日本援助 26 亿日元医疗设备。2000 年白求恩医科大学与吉林大学合并，医院更名为吉林大学中日联谊医院。

笔者（前排右二）和日方代表在协议书上签字

民间往来

设立民间最高奖学金。1986 年我被任命为司长后不久，我通过在日本工作的同事获悉日本笹川纪念保健协力财团有资助中国的意向，但没有确定具体项目。财团理事长笹川良一曾是日本右翼首领，二战后经营赛艇，积蓄巨额财富。能不能争取他的赞助？他有不光彩的历史，但后来主张"四海之内皆兄弟"，顺应时代潮流从事日中友好事业。我考虑尝试突破思想束缚，争取日方资助我国卫生系统的人才培养工作。这个大胆的想法得到了部领导的支持。但是，其他单位有不同看法，我们经过反复沟通协商，最终取得了共识。我和外事司同事与日方在钓鱼台进行了艰苦的谈判，最终达成了《中日笹川医学奖学金协议书》。双方在人民大会堂举行了签字仪式，陈敏章副部长、笹川良一理事长、日中医学协会石馆守三会长签字；我和日方执行机构代表签署了《执行协定》。协议为期 10 年，1987 年起每年派 100 名医生赴日进修，1997 年续签了 10 年。这是我国为期最长、数额最高、派出人数最多的民间医学奖学金项目，涉及专业之多、人员分布之广、延续时间之长，居卫生系统进修项目之首。为使进修人员赴日前掌握日语，我们在中国医科大学开办了笹川医学奖学金日语培训中心。这项工作得到了日方支持，日本厚生大臣桥本龙太郎曾参加第三期培训的开班仪式。

2016 年 10 月，国家卫计委副主任马晓伟、中国驻日本大使程永华、历届进修生代表、日本有关方面 400 人在东京举行活动，纪念协议执行 30 周年。30 年来，

笔者（右一）陪顾英奇副部长
（左三）参加奠基仪式

笔者（讲台后左一）陪桥本大臣
（讲台后左四）参加开班仪式

2200 余名中国医生赴日进修，其中很多成为各级医疗机构的骨干。我从争取项目、主持谈判，到人员派遣，参与了全部过程，体验了开拓的困难，品味到了成功的喜悦。1988 年，我送第二批学员赴日，竹下登首相在官邸会见，笹川良一陪同。

　　进一步发展与美国的民间合作。1983 年正式发行《中国医学论坛报》后，我继承老领导开辟的渠道，进一步发展与赛克勒基金会的合作。1986 年赛克勒来访，我参与主持接待工作，商谈筹建报社办公楼事宜。和国外合办报纸，本来就很敏感，要在后海北沿这个特殊地段建楼，我们遇到了预想不到的困难。但是，我们和卫生部办公厅共同努力，利用卫生部原来的一个宿舍小院的地皮建了一栋中式

《中国医学论坛报》报社新址挂牌（前排左四为笔者）

建筑，1988 年新楼建成作为《中国医学论坛报》报社的办公场所（2004 年搬至现址）。赛克勒抗日战争时期帮助过我国，一生热衷于中美友好交流事业，被称为"美国的白求恩"。

成立交流中心理事会。为促进民间对外合作，我提议筹组卫生部国际交流中心理事会。1990 年 3 月该理事会成立时，老部长钱信忠任名誉理事长，中国医学科学院院长吴阶平院士任理事长。1993 年组织第二届理事会时，吴阶平院士已任全国人大常委会副委员长，但他继续做理事长，并提名我为副理事长兼秘书长。陈敏章部长为中心题词祝贺。

创立"吴杨奖"。1994 年年初，卫生部国际交流中心与西安杨森制药有限公司设立"吴杨奖"，表彰优秀医药工作者。"吴杨"是吴阶平和保罗·杨森的名字简称，后者是比利时著名药学家。设立该奖时，正值国内对成立基金有所控制，我与有关部门沟通，方获批准。我是"吴杨奖"评审委员会第一任秘书长，这也是我到世卫组织前完成的最后一项工作。"吴杨奖"延续至今，20 多年来已有 400 多位优秀医药卫生工作者获奖。

"吴杨奖"首届评委会（后排左六为笔者）

设立中国卫生奖。在我主持外事司和交流中心工作期间，我向卫生部领导建议，设立"中国卫生奖"，表彰为我国卫生事业做出贡献的外国友好人士。获奖者有日本的笹川良一，以及与我保持了长期合作关系的老朋友，如丹麦的西姆教授、加拿大的谢华真医生、美国的菲力普斯医生等。1994 年日本小西国际交流财团小西甚右卫门理事长获奖，江泽民总书记会见。这是我到日内瓦任职前，最后一次参与国家领导人会见外宾的活动。

这些成绩的取得，靠的是全体同事的共同努力。司长只是部领导的参谋助手，我不过是为领导搜集信息，提供决策建议，组织贯彻执行。我在卫生部工作 26 年，得到了历届部领导的关心关怀，特别感恩于钱信忠部长、崔月犁部长、陈敏章部长、杨纯副部长、顾英奇副部长的指导指教。

第五节　匿名事件

外事司工作搞得有声有色之时，我却两次遇到意想不到的匿名事件。第一次是 1988 年 4 月初我去日本出差，我到日本后外交部就致电卫生部，称日驻华使馆中文秘书"白天日"先生举报宋允孚连续两次赴日，违反有关规定云云。我连续两次访日，实际是受部领导指示会见厚生大臣桥本龙太郎，转达卫生部关于中日合作的有关意见。经调查，日本使馆并无"白天日"，作案人相当了解卫生部内部情况，可见是内鬼。

匿名电话失败，接着又出现了匿名信。外国驻华使馆和记者 5 月底反映说接到宋允孚司长来信，通知中国出现艾滋病，请他们去医院检查。当时中国并无出现本土的艾滋病，我也从未写过信。经查，匿名信签名不是我的笔迹；信笺是卫生部已淘汰的信纸，贴邮票投寄与常规的公函发送方式不符；信件未留指纹，作案人具有反侦察能力。匿名信被定性是"盗用我国政府名义散布的政治性传单，旨在损害我国际声誉及预防艾滋病的政策"。卫生部 5 月 30 日召开新闻发布会，《健康报》和《中国日报》分别报道辟谣，事情得到了平息。

匿名事件的发生并非偶然，与我积极开拓取得成绩不无关系。木秀于林，风必摧之；堆出于岸，流必湍之。事件给我的启示是：君子坦荡荡，小人长戚戚。对个别人搞小动作，最好的回答是干大事业，走自己的路，让别人说去吧！

《健康报》报道

第三章　世卫组织任职

　　我 1994 年受聘于世卫组织，从国家公务员变成国际公务员。国家、国际，一字之差，身份与角色有极大差别。国家公务员忠于宪法，忠于祖国，忠于人民。国际公务员接受《联合国宪章》及其规定的价值观，忠于联合国和所在国际组织，为世界人民服务。我成为国际公务员，不是个人选择，是形势发展提供了机遇，是组织决定。

第一节　受聘于世卫组织

　　我在世卫组织任职的第一个部门叫作"资源动员规划"（Resource Mobilization，简称 RMB）。我被招聘，是几个因素叠加在一起的结果。首要的是和世卫组织总干事换届改选有关。我是被新连任的总干事中岛宏点名的，他原是世卫组织西太区办事处主任，1988 年当选为总干事，1993 年成功连任。中岛宏和中国关系友好，他 1992 年任命中国助理总干事胡庆澧医生代理副总干事职务。1994 年我应聘时，胡庆澧副总干事兼任世卫组织高级职位遴选委员会主任，他和总干事过去就对我比较了解。

笔者（前排中）与胡庆澧（后排中）在日内瓦

我受聘还有几个因素。首先，中岛宏连任后重组世卫组织机构，成立 RMB 部门，出现了新岗位。其次，我从事国际卫生合作工作 26 年，改革开放后参与争取国外援助的经验刚好符合岗位要求，由此成为 RMB 第一位来自发展中国家的职员。再次，1992 年我在卫生部的职务变化也是受聘因素之一。

总干事钦点

我国在世卫组织的代表性不足，属缺额国家。1993 年，卫生部顾英奇副部长赴日内瓦开会时与总干事讨论推送中国职员事宜。中岛宏表示，总部有个职位，卫生部宋先生符合岗位要求，可以考虑。顾副部长返京后报告部党组，最终决定推荐我参加竞聘。9 月初，我收到岗位空缺通知（vacancy notice），陈敏章部长于 25 日召集胡庆澧、外事司国际处领导研究具体手续，当场为我签署推荐函。

1994 年 2 月，助理总干事艾特肯对我进行电话面试。他用英语询问我的工作情况，然后用法语问我学习的情况。他讲法语时我很兴奋，一是我的法语比英语流利，二是他的法语有英国腔。quel pays 的 pays 应该读 /pei/，辅音 p 发音时失去爆破，但他把 pays 的法语发音念得和英文 pay 一样，让我信心大增。果然，没谈几句话，他就说：你的法语比我好，今天谈话就到这里。明天遴选委员会讨论时，我支持你。

3 月，世卫组织致函陈部长，同意接受卫生部推荐，要求中方承诺以下条件：

如果您同意借调宋允孚教授，请确认：

宋允孚教授

（a）借调期结束后，有权回到借调前原岗位或同等工作岗位；

（b）借调期间和借调结束，保留其晋升、退休及其他法定福利；

宋允孚教授如延长借调期限，将征得您同意；如您不同意，请通知我们不同意的理由，并再次确认以上（a）和（b）所述权利。

如您接受上述条件，请在本函副本签字寄回。候选人将被告知您同意上述条件。

文件显示国际组织招聘人员不仅考虑自身需要，也保障国际职员在本国的权益。我从递交申请到拿到 offer，前后花了半年时间。我感激中岛宏总干事、胡庆澧助理总干事，感激陈敏章部长、顾英奇副部长，感谢有关单位的协助，包括外交部为我颁发外交护照，瑞士驻华使馆为我办理签证并由大使面交。

笔者（前排右二）参加国内最后一场外事活动

赵同彬副司长（左一）等同事到机场送行

世卫组织驻华代表（中）为笔者夫妇送行

出发前一天的 4 月 24 日晚，我最后一次陪陈部长会见外宾。我离开北京赴任，外事司赵同彬副司长等送我到海关外交礼遇通道，仍依依不舍与我亲切交谈。

有人可能会问，效率如此之高，进展如此之顺，是不是总干事和你有私交？其实，卫生部比我熟悉中岛宏的不在少数，他亲自点将实际有很大的偶然性，但偶然之中也有必然。

时机。我 1986 年被任命为外事司司长，开始接触国际组织。中岛宏 1988 年当选为总干事，我和他有工作接触。1986—1989 年我担任世卫组织执委会委员，比过去的老同志表现更活跃，获得了世卫组织同事的好评。这并非我个人水平高，只是赶上改革开放 10 年的时机。我参加国际会议的情况和过去区别并不大，发言也要用国内准备好的稿子。和老领导相比，我唯一的优势是懂两门外语。发言前，根据现场情况加一些互动性、口语性较强的话。比如"我们讨论的问题很重要，刚才某某的意见很好，我很赞同"，然后衔接上准备好的稿子。原来准备的稿子，也适当删减或补充，避免不顾现场情况照稿宣读。我发挥外语特长，曾在执委会"露了一手"，这个故事后面再讲。

语言。新设岗位要求掌握流利的英语或法语并有另一语言（法语或英语）的工作知识（fluent knowledge of English or French with working knowledge of the other language）。我沾了学过两门外语的光：留学读法语，美国进修英语（获得乔治敦大学美国语言学院的证书），也算镀过了金。

美国语言学院证书

经历。我在卫生部 26 年，从对外援助到争取外援，再到与国际组织打交道，涉及双边、多边、官方、民间多个层面。我的经历、履历、能力，符合对方招聘条件，经验超出对方要求的 10 年。

契机。1992 年春，我不再担任外事司司长，专职搞民间交流。国际交流中心理事会吴阶平理事长 1993 年当选为人大常委会副委员长，他提名我做副理事长兼秘书长。这无疑给我增加了一道光环，若没有这次职务变动，我未必能到国际组织。赴任前，吴阶平 4 月 21 日为我践行，瑞士驻华大使参加并亲自交给我瑞士签证。世卫组织驻华代表处代表基恩也为我践行，他后来调去了总部任总干事办公室主任，成了我的领导。

两个小插曲

1994 年 4 月 27 日，我抵达日内瓦，资源动员规划负责人安德森先生陪我办理手续，拜会助理总干事艾特肯先生；胡庆澧陪我拜会中岛宏总干事。短短一天，我见到了总干事在内的几位高级官员，收获颇丰。

笔者夫妇（左一、左二）与中岛宏夫妇合影

与此同时，我还意外得知顺利应聘的背后曾有两次意外，一次是美国朋友的无心之举，另一次是国内有人蓄意而为。

世卫组织招聘，一般都公开发布空缺通知，人选可以是政府推荐的国家公务员，也可以个人自己报名。先由人事部门审查简历，符合条件的人参加笔试、面试，人事部门和用人部门择优录取。P5 级以上专业人员，用人部门从竞聘者里选三名优秀者形成短名单（short list），报遴选委员会确定一人，再报总干事审定。

险些未入选。我的领导安德森是美国人，陪我办理报到手续还请我到郊区小镇共进午餐。席间他告诉我，这个岗位有几十个国家的人申报。他最初确定的名单里没有我，选的都是女性。遴选委员会问为什么全是女性，他回答说，他所在部门的外交官全都是男士，他想要位女士，男候选人简历他一个没看。上级批评他，说招聘通知很明确，"This post is open to EITHER SEX. Applications from WOMEN are encouraged"（男性、女性均可应聘本岗位，欢迎女性应聘），并没说不要男士。

领导要他回去审阅所有人的简历，再重新确定短名单。看完全部简历，他认为我应列短名单第一。安德森很坦诚，和我素不相识，初次见面把经过和盘托出，让人敬佩。他的失误险些导致我落选，但并没影响我们后来成为朋友。联合国所有机构都主张性别平等，安德森在这点上的理解不准确。《联合国宪章》第 101 条规定，国际职员录用标准"应以求达效率、才干及忠诚之最高标准为首要考虑"。如果竞聘者具备同等学力、能力，可以优先录用女性。

匿名信小插曲。 我没有想到的是，受聘过程中还出了一个小插曲。有人以 Some officials in the Ministry of Health 的名义给总干事写匿名信称总干事聘用宋允孚"走后门"（bypass）。我到任后拜会总干事方得知此事，实际早在 11 月遴选委员会主任就发出了一份备忘录予以批驳，总干事批示："The letter being anonymous, should be destroyed."（此匿名信应被销毁。）前面提到 1988 年有人搞匿名事件，没有成功，而在国外搞这些名堂同样不能得逞。

以上两个小插曲，反映出国际组织重视保障职工权益。匿名信在国际组织没市场。

第二节　过外语关

世卫组织总部在瑞士的法语区日内瓦，世卫组织的工作语言是英语和法语。我学法语出身，后在美国乔治敦大学美国语言学院进修英语，外语对我应当不是大问题，可入职初期，我也因英语出现过尴尬。

不需要自卑

我到任没几天，就遇到了一个阅读困难。安德森给我一本书，让我周末看，准备下周讨论。那是本很厚的专著，内容对我来说很生疏，有不少英文生词。我花了整个周末的时间阅读，请家人帮着查字典，到上班仍忐忑不安，因为我没读完。幸亏那天没讨论，这事让我感到快读、略读（skim）的重要。

另一次尴尬事件给我的启发更大。安德森要我处理一份文件，文件不长但有个单词我不懂，字典上查不到。回家请教家人也不认识，第二天去图书馆查字典，仍没结果。我的秘书是英国人，我不愿意问她，怕给中国人丢面子。但是琢磨了两天仍搞不明白，怕耽误事儿只好硬着头皮问秘书。她看了一眼，不假思索地说："It's a typo!"（打错字了!）我感到既惊讶又惭愧：外国人的打字错误，竟然把我唬住了，我怎么没想到呢? 仔细分析，其实是过度迷信外国人的自卑心态作怪。这件事给我的启发是：我们不应因外语水平而自卑。我们写中文有时也出错，外国人写的外文出错也很正常。作为新职员，一定要有自信，坚信我们不比外国人差。想起我代表中国出席国际会议时，我的法语曾受到外国人称赞。那并不是我的法语比外国人好，而是外国人出错，让我"露了一手"。

曾经的自信

执委会是世卫组织的重要理事机构。世卫组织正式会议时会提供联合国六种官方语言的文件和同声传译，我一般领中、法两种文本，遇到疑问时可以相互对照。一次，讨论某个议题时出现了两种意见，有人主张 A，有人主张 B。对照两个文本，我发现中文是 A，法文是 B，一时搞不清，不敢贸然发言。中文是中国人翻译的，如果有问题，我贸然发言会让中国同事出丑。我请随行处长悄悄去翻译组查询，他回来耳语：中文和英文一致，文件原稿用英文起草，其他文本都译自英文。我心里有了底，肯定是法文出了问题，于是举手发言：第一，祝贺主持人当选为会议主席；第二，这个议题很重要；第三，中国支持方案 A。最后，我用法语和英语读了文件有关段落，然后问为什么法文和英文不一致。发言效果出乎预料，大家不再争论，很快取得了共识。秘书处表示歉意，与会委员称赞我的法语，推举我做执委会内设规划委员会委员；规划委员会又提名我进文件起草小组。实际上，规划委员会和执委会文件都由秘书处撰写，起草小组只是会前审阅而已。从语言角度讲，我没有用外文起草文件的水平，这不过是一种荣誉。发言能有这样的效果，一方面是研判及时，另一方面是自信，我是代表国家参加会议，深感背后得到的国家的支撑。

成为国际职员后，我的角色发生了变化，在国际组织里单打独斗。我不是国家代表，但也代表了中国人的形象。外国人通过每个职员了解中国，因此我们必须自信，中国人不比任何人差。两种工作语言是国际组织的基本要求，这对中国职员尤为重要。我们实际水平和能力并不差，但外语不过硬，"茶壶里煮饺子，肚里有货倒不出来"，也站不住脚，因此必须学好外语。同时，我们也要看到外语是沟通的工具，国际组织不是外语学院，外语不需要达到专业翻译的水平。业务官员要具备专业能力、沟通能力等多方面素质，不能因母语不是英语、法语而失去自信。根据我的经验，只要下苦功，外语能力提高到适应工作需要的水平是绝对没有问题的。

不断地自学

学好外语有什么诀窍？唯一诀窍是没有诀窍，只能多学多练多看多说多写。国际职员的母语并非都是英语或法语。国际组织鼓励职员学习联合国官方语言，联合国也在日内瓦举办针对六种官方语言的培训，职员可以免费参加。联合国定期举行考试，成绩合格则颁发语言流利程度证书（Language Proficiency Certificate）。

拿到证书后可以每年提前一个月涨工资。我最初不知道，1997年才报名参加考试。我动员其他同事报名，但有的人快退休了，有的人担心考试不及格。我没顾虑，英语自学没把握，但法语不成问题，通过一门就是胜利。于是我参加了统一的笔试，而口试由讲英语、法语的两位官员和我谈话。笔试卷子和谈话录音送纽约，由联合国总部评审。纽约发来成绩单后，出乎预料，我的英语成绩比法语还要好。什么原因？想想也很简单：每天我处理的文件主要是英语的，看得多用得多，熟能生巧，水平自然提高了。而法语主要是口头交流，写作机会少。可见，我们不必过度担心外语，虽然联合国要求职员懂两种工作语言，但实际上掌握了英语就完全能够胜任了。当然，懂得越多越

联合国语言流利程度证书

好，精通一门外语后再学其他语种并不难。俗话说"艺不压身"，建议多学些外语，这有利于抓住更大的机遇。

语言学家吕叔湘说，英语是英语，汉语是汉语。马克思说，语言是思想的直接现实。他们讲的是语言与思维方式的关系。中国人与西方人的文化心理、思维方式不同，学外语要用外语思维，不能总用母语思维。马克思认为，学习和使用外语，不应把什么都译成母语，要尽量"忘掉"母语。学外语讲究"听说读写译"，国际职员也要"听说领先""读写跟上"。不论听说还是读写，只要有自信、善学习，也可做到"能说会道、能写会编"。

听，尊重对方。在跨文化氛围中交流，首先要认真倾听。联合国的核心价值之一是尊重多样性（respect for diversity）。认真倾听是尊重对方的表现。职员来自世界各国，讲的英语并不都很地道，有人发音不标准，如果不认真听、仔细听、耐心听，很容易误听误判。我亲历过这样一个故事。

某次会议要讨论从 ABCD 四个方案中选出一个，与会人员意见不一，众说纷纭。主席建议，A 和 B 合并为第一方案，C 和 D 合并为第二方案，他倾向于第一方案，征求大家的意见。我们的代表发言，说"我支持主席提议，赞成第二方案"，引起哄堂大笑。会后他部下打圆场："您支持主席很正确，同传翻错了，说您赞成第二方案。"他听后说："我是赞成第二方案啊。"可见，没认真倾听，急着表态，结果是大出洋相。国际会议提供六种语言的同传，可选择原声道或其他任何频道。这位同事无论听的是哪个频道，肯定都没认真听，或者没听懂。对于不是我们母语的语言，更要认真听。这是有效沟通的前提，也是尊重对方的起码礼貌。

另外，要扩大知识面，掌握尽可能多的外语词汇、表达方式，以及文化知识，以免闹笑话。如 floor 是楼层或地板的意思，first floor 在中国和美国都指楼房第一层，但在英国指第二层（第一层叫 ground floor）。floor 还有一个意思，会议主席对你说 you have the floor 或 the floor is yours 是请你发言。我参加过一个会议，茶歇后主持人对一位同事说："Dr. C, you have the floor." 她没有听懂，继续品茶，场面好不尴尬。

说，注意发音。许多人在国内搞学术时阅读和写作都没问题，但往往口语较差，甚至是哑巴英语。在国际组织则离不开"说"，因此发音很重要。我小时候把 English 学成了 Chinglish；2010 年上海世博会，某个区为普及英语印发《迎世博双语指南》，给 good morning 注"古的猫宁"，I am sorry 是"俺么搔瑞"。这样的"雷人英语"千万要不得。

我刚入职，有位欧洲同事讲了两个笑话。第一个是，一人踩了别人脚，慌忙说了 execute me, please。把 excuse me 说成请处决（execute me），南辕北辙。第二个是，某国际机构一把手竞选连任，获选后宴请支持者，致辞时说 I would like to thank you for your supporting me in my second election。但他把 election 中的 l 发成了 r 的音，变成了其他意义的词，令人啼笑皆非。

当然，外国人发音也未必都准确。澳洲一位同事身体不适，请假去医院，对领导说 I am going to the hospital today，但他把 /ei/ 和 /ai/ 的发音发得混淆，听起来像 I am going to the hospital to die，让人笑掉下巴。

说，积极主动。国际职员天天开会，要敢于即时发言，阐述个人观点。中国恢复联合国合法席位初期，有人戏称我们参会人员的表现是 3S：不懂外语但很礼貌，见人面带微笑（smile）；政治议题原则阐述，技术议题很少发言，于是沉默（silence）；70 年代我们懂外语的人相对较少，很多人用耳机听中文同声传译，翻译喃喃细语、念念有词、语调平平，难免令人犯困（sleep）。中国恢复联合国合法席位近 50 年，现早已把 3S 变为 3P：不但参与（participate），而且积极主动（proactive），还要取得实际成果（productive）。3P 原则对国际职员更有实际意义，因为国际职员天天开会，不可能全都事先准备讲稿，即席发言是家常便饭，必须尽快做到 3P。为此，首先要保持政治敏锐度，关心时政新闻，了解不同国家的态度和媒体报道，做出自己的独立判断。其次，要掌握《联合国宪章》及《国际公务员行为标准》，严守中立原则，牢记国际职员不是国家代表。再次，表态时要讲究技巧。从语言角度看，外语不是母语，"说"是我们的弱项。但是弱与强是相对的，尺有所短寸有所长。虽然我们外语能力很难达到母语的水平，但逻辑清晰、表达扼要、直奔主题、切中要害是我们的强项和优势，要加以发挥。开会前一定要做好准备，要讲究技巧。

说，准备充分。尽量避免打无把握之仗，即使小范围开会，也要做好准备。我们司每周都开例会，司长通报情况后，业务官员逐个发言，司长一般请他身边的人先发言。每周例会前，我都把一周工作拟一个简单的中文提纲，关键词用外文写好。我不坐司长旁边，避免第一个汇报。别人发言，我边听边修改我的提纲，发言时尽量简单扼要，这也是一种策略。司长是法国人，因此谈到与法国相关的工作时，我就用法语发言。司长常常做补充发挥，我就索性不再继续，任由司长介绍。会后，同事也会赞扬我的业绩。可见，方法得当，事半功倍。

说，后发制人。说的技巧包括谈判，谈判也要尊重对方，即使意见不同，也要保持冷静。一次，我带队到 F 国谈判，对方外交部一位司长主持，他不仅迟到，而且开场就责难我们，说两次给世卫组织发文都没得到答复。同行的一位同事是 F 国人，对其指责不满，示意让我反驳。我不动声色听对方讲完。我发言时首先感谢他主持会议，心平气和地回顾双方往来情况。最后，我把早发去的答复复印件给他，说："如果您的秘书找不到，复印件供您备查。"然后我请三位同事介绍双方合作进展和今后打算。这位司长对结果表示满意，并对开始的态度表示了歉意。我谈判的表现受到了领导的称赞，他在给我的鉴定中写道："宋先生是本部门受到好评的成员。他总是以机敏和外交手腕完成棘手的任务，并且总能取得成功。"我体会到，和外国人谈判，我们的外语水平不占优势，最好先听后说，后发制人，避免先入为主，感情用事。要让对方感到我们的诚意善意，即使遇到棘手的问题，也容易找到双方认可的结果。我归纳出沟通有个 3C 原则。第一，content。沟通内容当然是交换信息，当然更重要的是情感，讨论前要让人感到你发自内心的尊重。第二，consensus。达成共识是沟通目的。第三，compromise。达成共识的手段是妥协，各退一步，海阔天空。

司长评语

　　读，学会浏览。我在国际组织，每天都要接触大量文件，世界卫生大会和执委会的文件多得看不过来。初到世卫组织时，我被文件压得透不过气。面对大量文件，我们必须学会 skim。这个词的英文定义是 remove a substance from the surface of a liquid，引申为 scan through，即浏览、快读，一目十行快速阅读，抓住文章要点，不纠缠细枝末节。长篇文章肯定有生词，但不要查字典，要学会抓住重点。国际组织招聘的笔试，主要考核阅读能力，给考生一篇文章，要求在限定时间内归纳要点，写读后感。这需要快速阅读全文，否则归纳不全，更来不及写读后感。skim 的关键是不查字典，就和读中文报纸看新闻一样，只要大致了解 5W（what、where、when、who、why）便可基本掌握事件全貌。快读的要点是弄懂 meaning，而不是 wording。写文章不外乎表达观点、解答问题、传递信息、讲授知识。读者要善于通过 skim，找到作者的写作思路。长篇文件，可以先看题目再看小标题，了解大致梗概，再找重点，沿着作者的写作逻辑，随时总结各段大意。

　　读，抓住重点。读国际组织文件有技巧。国际组织决议一般由序言段（preambular paragraph）和执行段（operational paragraph）两部分组成。序言段讲决议的背景，开头常是套话，如 mindful of、recalling、noting、stressing、affirming 等，如不需研究文件背景，序言段可一带而过。执行段一般以大写动词开始，如 URGES、REQUESTS、DECIDES 等。根据谓语动词，很容易判断哪些内容重要。执行段最后一句，通常也是固定文字，如：请秘书长向下届会议报告本决议的实施情况。了解了文件的套路，快读就不难了。

　　此外，文件有时前后矛盾，不易理解。这已经不是文字问题了，而是另有背景。很多文件是经过反复修改后，最后妥协的折中方案。参与起草的各方观点不一，因此不了解背景，就很难看明白。

　　有时实际执行情况也会与文件写的有出入。如，1993 年世卫组织总干事换届，时任总干事参选，有些国家不希望他连任，于是执委会产生争论，双方要求通过一份关于总干事任期的文件。起草过程中，各方参加修改，改来改去不知所以、亦此亦彼、非此非彼。结果最后的文件既针对时任总干事也涉及之后的竞选人，任期改为只能连任一届；提名时年龄不得高于 60 岁；增加必须懂英、法两种工作语言等要求。可是 5 年后继任的总干事并不懂法语，照样当选。俗话说"听话听声儿，锣鼓听音儿"，某些文件字面上难懂，实际上是背景复杂。搞清文件背景，就容易看明白，所以我们不要轻易怀疑自己的外语水平。

　　写，熟能生巧。写作是国际职员的日常工作之一，如起草会议报告、决议草案、议程、简报等，给会员国写函件、邮件，撰写国际组织内部的备忘录（memorandum）、情况报告（briefing note）、提案（proposal）、进度报告（progress report）等。这与国家公务员写作公文相似。我在卫生部写过不少公文，包括给国务院的请示报告、给省市的通知、给国际组织和外国机构的信件、领导的讲话稿或发言提纲等。入职初期，用英文写公文的确是个挑战。写好的关键，第一要自信，相信我们完全能表达清楚要讲的内容，关键是理清表达逻辑。第二要熟悉公文格式、通用语汇。只要大量阅读同类文件，多看多想多学多练，英文写作便不是那么大的问题了。第三，要注意积累资料，这样撰写文件就可以信手拈来。虽然岗位不同，任务不同，写作要求也不会相同，但是我有几点通用的体会可以分享给大家。

　　·**文章长短。**英文写作有个 KISS 原则——keep it short and simple 或 keep it short and sweet，大概意思就是要短而精。国际组织也有文牍主义，有时一点儿小事也要写 memo 或 briefing。不论什么文件，都要避免冗长，能短则短。我经历了三个阶段，开始写不长，后来写不短，最后从长到短。我觉得：从短到长是进步，从长到短是飞跃。为什么这样说？入职初期，情况了解不多，资料占有不足，外语水平不高，想长也写不长。工作时间久了，情况熟了，资料多了，英语好了，能写长但又写不短了。1998 年布伦特兰任总干事后，会见来访代表团都要我提供 briefing。她的要求高，时间紧（一般一天，有时只给半天），而且不准写长。我那时已在世卫组织工作 4 年，写作能力有所进步，占有材料多了，往往两页纸写不完。于是，缩小字号、减少行距，尽量多写些内容。总干事办公室却对格式做出规定，必须用 12 号字，因此，我必须合理取舍材料，精炼表达方式。把大量信息浓缩到规定字数不容易，我认为写短比写长的难度更大。鲁迅在《答北斗杂志社问》中说："写完后至少看两遍，竭力将可有可无的字，句，段删去，毫不可惜。"鲁迅的要求和 KISS 原则看来是相同、相通、相似的。

　　·**谨防差错。**外文写作要防止不应有的差错，特别是电子邮件容易疏忽用词和拼写，要认真检查，不轻信电脑的自查功能。一位中国同事到英国出差，写了报告用邮件发给我的司长。邮件中说 I have visited the United Kingdom and wish to share with you the massage from Price Charles。她本意是分享查尔斯王子的口信，但把 Prince 误打成 Price，把 message 误打成 massage。司长把它打印给我们部门所有业务官员，让我感到非常没面子。显然，这不是中国职员的外语水平问题，而是马虎造成的。她说用电脑自动拼写检查功能检查了，没发现问题。虽然电脑不认为有拼写和语法问题，但电脑不懂你要表达的意思，所以，绝不能完全相信电脑，自己动手仔细检查必不可少。

·友情提示。最后，使用电子邮件需要注意以下几个问题。

世卫组织用 Outlook 软件，职员邮箱的设置是：姓的全拼＋名字的首个字母。如宋允孚的邮箱是 songy@who.int。世卫组织有 8000 多名员工，同姓者很多，因此发邮件一定要看清地址。曾有一次一位姓张的同事升迁，而另一位姓张的同事也收到了很多祝贺升迁的邮件，就是发信人不小心看错邮件地址导致的。如果机密信件发错对象，后果将不堪设想。即使是熟人，也最好抬头写上收信人的名字，即便误发，收信人也容易判断。

还有下面几件小事值得注意。（1）主题（subject）一定要明确，让对方一目了然，也便于后续跟踪。（2）一个邮件不要涉及多个主题，以免处理上有所遗漏。（3）减少收信人，防止因为"三个和尚没水吃"而无人处理；减少抄送（CC/Carbon Copy），不给他人增加垃圾邮件。（4）开头要写称谓以示礼貌。（5）缩写（abbreviation）在首次出现时应写全称，避免误解。（6）附件（attachment）要注明附件所使用的软件名称，方便对方查收。（7）落款写上姓名及身份，因为仅凭邮箱账号难以判断发件人。（8）电子邮件虽快捷，但易失掉感情沟通。见面三分情，邮件加电话，增加人情味。

第三节 转换角色

联合国规定国际公务员要诚信、具备专业精神，并且尊重多样性。《联合国宪章》的价值观是指导行动的原则，其中诚信指诚实、坦率、公正和廉洁的品格，国际公务员不是政府代表，不得寻求任何政府指令，必须宣誓效忠于联合国。国际公务员入职时要签誓词："我郑重声明并承诺：本着忠诚谨慎，正心诚意执行联合国国际公务员的职务；律己从公，只为联合国的利益着想；在执行职务时，决不寻求或接受任何政府或本组织以外任何来源的指示。我同时郑重声明并承诺履行《工作人员条例和细则》规定我应尽的各项义务。"高级官员还要履行仪式。

诚信不是政治口号，要体现在专业工作上，要专注、自觉、有效地完成任务。国际公务员要具备本专业领域的专门知识和能力，了解本领域最新发展；在工作中不掺杂个人考虑；遇到挑战和压力时能够坚守。专业精神既涉及技术层面，也包含精神层面。国际公务员的工作各不相同，如何体现上述要求，要看具体岗位和具体工作。国际公务员，首先要实现角色转换。

世卫组织筹资

我入职的第一个部门是"资源动员规划"，任务是筹集资金。世卫组织从 1948 年成立到 20 世纪 70 年代，经费基本靠的是正规预算，即会员国缴纳的会费。随着人口增长、国家数量增多、新疾病的出现等多种因素，正规预算缺口越来越大，需要增加会费，但遭到了多数会员国反对。原因大致有两类：发展中国家财政困难，难以支付；发达国家考虑话语权问题。各国会费主要参考 GDP 计算，如 70 年代美国会费占总额的 25%（2000 年后降至 22%）。但是正规预算的使用，由会员一国一票决定，美国会费虽高但只有一票。会费不增加，只有另谋出路。1983 年世卫组织成立专门机构负责筹集自愿捐款，1986 年捐款占总预算的 40%。1988 年这个机构改为对外协调办公室，负责联系联合国系统各机构及会员国政府。1993 年成立了资源动员规划部门，专门筹集政府捐款。

我 1994 年入职时，预算外收入占总预算的一半，资源动员工作的重要性不言而喻。该部门由总干事办公室直接领导，办公地点也和总干事办公室在同一层楼。我在世卫组织 14 年，预算外收入不断上升，2007 年是 1994 年的 2 倍，从 1.56 亿增至 3.19 亿美元。

世卫组织的预算外资金有多种来源，包括联合国其他机构、基金会、非政府组织、社会团体及私立部门等，但绝大部分来自各国政府。政府捐款一般都指定用途（earmark），虽然各国有各自目的，但钱基本用于发展中国家。世卫组织分为六个区域，2000/2001 年预算分配给非洲地区的经费占总额的 37%。

单打独斗

我在国内参加争取外国政府援助的项目，积累了一定的经验，但世卫组织情况不同。我们资源动员规划这个部门有 10 多位职员，其中 5 名外交官来自美国、瑞典、意大利、日本和中国，我是唯一的发展中国家职员。世卫组织有 25 个主要捐款国，包括美国、英国、日本、荷兰、挪威和意大利等发达国家。我们几名外交官分管的国家基本包括本国政府，如瑞典人分管包括瑞典在内的北欧国家，这些国家捐款总和排名第三；日本人负责分管日本政府的捐款，基本三年轮换一位职员，都来自厚生省。中岛宏任总干事期间，日本捐款较多，1995 年名列第三。和发达国家的职员相比，我的处境相当之困难，我到任的 1994 年，中国捐款仅16.5 万美元，1998 年至 2003 年增加到每年 17 万美元。而英美等国的捐款高达 1亿美元，和我们不在一个数量级上。

我分管中国，理应争取增加捐款。但是，我无能为力。捐款涉及国内诸多部门，国家财政能力、对外政策，都超出卫生部的管辖范围。更为无助的是，过分积极争取增加捐款，又要担心有人质疑我的动机。内心的苦恼难以言表，既要"诚信"又要"敬业"，既是国际公务员又是中国人，实在感到两难。

国际公务员位卑言轻，对国内决策产生不了影响。然而，面对挑战又不能束手无策，无论如何也要有所作为。中国一时不能提供更多捐款，我便花力气研究分管的发达国家，分析他们的对外发展援助政策。

1961 年经济合作与发展组织（Organisation for Economic Co-operation and Development，简称 OECD、经合组织）成立，后来陆续加入了其他的一些国家。经合组织确定各国的发展援助金额目标是国民生产总值的 0.7%。我入职时，北欧和卢森堡等已达到或超过这个目标。但多数国家没有达标，平均仅0.22% ～ 0.25%。美国援助的绝对金额很高，但是比例最低，仅占国民生产总值的0.1%。因此发达国家对外援助大有潜力。进一步分析发现，发达国家的自愿捐款基本都是"戴帽下达"（earmarking），这也是发达国家捐款的主要原因。我还发现，大部分国家是外交部和卫生部共同负责这项工作，两个部门的视角不同，侧重点也不同。外交部考虑外交关系，卫生部侧重本国业务强项和专家需求。我搞筹资工作，应当换位思考，分析他们的差异，促成不同部门达成共识，从而争取到更好的效果。我调研、掌握了更多信息，了解了不同部门的考量及其背后的原因，因此谈判时更有说服力，从而占据了主动地位。作为负责筹资的外交官，还必须和组织内部各专业部门密切协作，他们是专家，了解捐款国防治疾病的经验、科研强项、各类专家的兴趣。只有调动各个方面的积极性，筹资才会有更好的效果。

布伦特兰 1998 年当选为世卫组织总干事，我们部门升级为政府、私立部门与民间社团关系司（Department of Government, Private Sector and Civil Society Relations），筹资对象从会员国政府扩大到私立部门和民间社团。有人建议我竞聘司长职务，我没同意。我虽未参加竞聘，但在工作中继续保持诚信与敬业。我们司来了一位 F 国籍的年轻司长，他热情有余，经验不足。我根据自己的经验，给他提出建议，例如不能只依靠我们现有的几位外交官，建议他组建跨部门的筹资团队，请总部 9 大部门（cluster）各派一位代表，集思广益，每周召开例会，介绍各捐款国的最新进展，请业务部门反馈各国捐款的执行情况。又如，培训筹资团队成员，通过他们提升各部门技术官员的筹资技能。受上级领导委托，我在培训班介绍我的研究成果，统一项目申请程序，规范申请书格式，确定项目实施报告格式；我讲授项目申请书的撰写技巧，包括很多细节，如申请函不能超过三页纸，内容要简明扼要，突出项目的必要性、捐款国的可能性、预期成果等等。培训受到了各部门同事的称赞。再如，我建议我们司成立三个处，改变了司长事无巨细的管理办法。我的建议得到了上级批准，于是新成立的"政策协调处"他们让我挂帅。司长职务我都没竞聘，自然婉谢了当处长的好意，我坚持继续做熟悉的政府筹资。我认为，要想在国际组织站住脚，必须做出业绩，我和所分管的国家政府有关部门、驻日内瓦代表团建立了良好的工作关系，筹款数额占各国政府全部捐款的三分之一。所以我认为，放下熟悉的工作，搞所谓政策协调，既不明智也不现实。政策从来都是高层确定，岂容下级协调。我的工作之后一直得到历届领导的好评。

例如，一位处长写道："宋允孚是一位尽职尽责、备受赞赏的同事，具有广泛技能，外交并有效地处理与外部合作伙伴的关系。他在本组织内保持良好的工作关系，处理问题时总是凭借扎实的判断和经验。"

司长的评语说："宋允孚是这个部门有价值的人。他是资源动员团队里一位全力以赴的成员，对资源动员团队的贡献得到了同事们的高度赞赏。他认真、守时、积极肯干，工作可靠，观察问题全面。他与各国代表团关系良好，他的随和与礼貌受到赞赏。他有必要在更高层次建立联系，更好地运用他的分析技能，提供本组织所需要的'政治智慧'。这方面有进展，仍需继续朝此方向努力。"

领导的评价，基本反映了实际情况。司长最后一句话是希望也是批评，但反映了我的思想状况。国际组织是行政管理机构，和所有行政机关一样，下级服从上级。普通职员位卑言轻，高层难得听取你的"政治智慧"。国际公务员在国际组织的职务高低，取决于多种因素，最重要的其实不是能力而是机遇，如果能适应自己的岗位，发挥自己的长处，取得公认的业绩，那才是最重要的。

困境晋升

我在世卫组织 14 年，经历了 4 届总干事：中岛宏 4 年、布伦特兰 5 年、李钟郁 3 年、陈冯富珍 2 年。这期间有不少故事，有的可以分享，有的只能私聊。

2003 年，韩国籍职员李钟郁当选为总干事，决定把筹集资金工作移交给其他部门，我们司遇到了极大挑战。筹资在过去由总干事办公室或对外关系部门直接领导。我们负责资金的筹集，分配由综合管理部门负责。收支两条线，筹资与分配各自运作，相互独立。李钟郁之所以这样决定，是因为他新聘的助理总干事提

2007 年，与陈冯富珍合影

了这个要求。这个要求不合理也不合情，但是那位助理总干事逐步实行了分批接管。我们司经历了一次动荡，人心惶惶。我知道，全面移交是迟早的事，我们必须面对现实，另谋出路。不久，司长和处长先后退休，我成了部门资历最深的官员，遇到了很大的挑战。

职务晋升。天无绝人之路，正在困惑之时，李钟郁总干事给世卫组织的全体职员发了一个书面通知："Mr. Song will be the focal point for high level visits to the Headquarters of WHO."他要我统一协调副部长、副议长以上的来访高级代表团。很多同事表示祝贺，以为 focal point 是晋升，其实他们不了解我的感受和背景。他让我归口管理高级来访，或许是格外关照。

没过多久，我被任命为 coordinator，即晋升为协调员。不过，任命我的不是李钟郁，而是 1994 年面试我的助理总干事艾特肯。一天，他召集我们部门全体开会。他当着人家说："Mr. Song, if you don't mind, would you like to be acting coordinator?"（宋先生，如果您不介意，您愿意当代理协调员吗？）我感到很突然，因为他事先没打招呼，而且也不分管我们司的工作，我便不假思索反问了三个问题：您是总干事办公室主任，我们归谁领导？我们司现在 jobless（没有工作），我们的工作任务是什么？指定我做代理，需不需要办手续？我的话反映了同事们对总干事决定的不满，也表明我不在乎个人升迁。我的诘问有些失礼，但这位英国人很绅士，礼貌答道：你们部门以后归我领导。总部要成立一个新的部门，你们不会没有工作。你的任命，会履行手续。果然，他很快履行手续，正式发通告任命我为联合国改革与伙伴关系协调员（Coordinator, UN Reform and Partnership Programme），而且去掉了 acting（代理）。

中国捐款。我意外获得晋升，中国自愿捐款也开始增加，过去每年 17 万美元，2004 年增至 140 万美元。这里有两个背景：美国会费比例从 1974 年的 25% 降至 2000 年的 22%。美国减少的 3% 要其他国家分摊，世卫组织通过了为期 4 年的"调整机制"。我认为，中国的会费迟早要按比例增加。于是我向卫生部国际合作司尹力司长建议，将增加的这部分先作为自愿捐款。此外，2003 年非典后中国逐年增加捐款，分别达到 2004 年 140 万美元、2005 年 175 万美元、2006 年 190 万美元、2007 年 800 万美元。

自我 2007 年退休至今，中国捐款一直保持在每年数百万美元水平。特殊时期还提供定向捐款，例如 2014 年捐款 200 万美元用于应对塞拉利昂、利比里亚和几内亚三国的埃博拉疫情，2020 年 3 月捐款 2000 万美元，支持开展抗击新冠肺炎疫情的国际合作。据世卫组织统计，我国 2017—2018 年自愿捐款近 1700 万美元，与一些 G7 成员相比，我们还存在差距。

忠于联合国

回顾在世卫组织的 14 年，我实现了从国家公务员到国际公务员的角色转换，践行"诚信"和"专业精神"要求，完成在国际组织应尽的义务。有人问，作为中国职员，怎样处理忠于联合国与热爱祖国的关系。从理论上讲两者不矛盾：联合国为世界人民服务，世界人民也包括中国人民。关于国际公务员怎样爱国，中国驻联合国代表团一位资深大使认为：国际公务员做好本职工作，就是最大的爱国。国际公务员客观上代表着中国人的形象。根据《国际公务员行为标准》的规定，国际公务员最高、最根本的标准是忠诚（loyalty），国际公务员不是其本国的代表，也没有权力担任国际组织与他们本国政府之间的联络员；国际公务员必须为所服务的国际组织的利益着想，不得寻求或接受政府的指示。我认为，在不违背《联合国宪章》和《国际公务员行为标准》的前提下，做有益于国家的事，也并非没有可能。打个不恰当的比喻，国际公务员都是绿萝卜，我们也必须是绿萝卜。但我们可以是绿皮"水萝卜"，切开"心里美"，红心系祖国。做到这点不易，需要政治智慧巧妙处理。下面是我亲历的故事。

总干事访华。2003 年，提名总干事李钟郁提出在 5 月 19 日召开世界卫生大会之前访问中国。5 月 2 日总干事顾问史密斯给我打电话，说上午已和中国驻日内瓦代表团联系，未见回复，要我联系卫生部。经我报告司长后，我电话联系卫生部国际合作司，并发去电子邮件。

国内高度重视这次访问，新华社做了详细报道。5 月 9 日副总理兼卫生部部长吴仪会见李钟郁，祝贺他在提名选举中获胜，介绍了中国防治非典的情况，赞赏李钟郁坚持一个中国原则的立场，感谢世卫组织和专家组的工作。李钟郁对中国抗击非典的勇气和信心及付出的巨大努力表示敬意，祝愿中国早日成功控制这一疫情。

但是，在筹备这次访问时，我也遇到了不同意见。他们不但主张不接受李钟郁访华要求，还对我作为国际公务员办理具体工作有微词。事实证明这种看法是错误的，也是对联合国有关规定的误解。《国际公务员行为标准》规定"国际公务员不是其本国的代表，也没有权力担任国际组织与他们本国政府之间的联络员"，但同时明文规定"行政首长可以请国际公务员履行这种职责。这种职责性质独特，履行者必须对国际忠诚和具有正直品格。政府和组织也不应使国际公务员处于其对国际的忠诚和对本国的忠诚可能相互冲突的境地"。在执行这次任务的过程中，我作为中国籍国际职员，既忠诚于世卫组织，也充满着对祖国的忠诚。

一个中国。1971年联合国通过第2758号决议，恢复中华人民共和国在联合国的合法席位。但从1997年起，台湾当局连续10年鼓动"邦交国"在世卫组织提出"观察员"问题。2003年非典期间，世卫组织网站公布有关国家和地区疫情。一天，我发现网站的台湾数据与中国是并列的。网站这部分内容由传染病部门负责，我在外事部门又是中国职员，不便跨部门出面干预。但这是重大政治问题，必须及时更正。我想了个迂回的办法。我把网站消息截屏复印了三份，给中国驻日内瓦代表团打电话，发去一份复印件，并告之与对外关系司交涉。没过一会儿，司长打电话找我："中国抗议咱们网站有问题。"我说："您别着急，我去查看一下。"我回办公室拿出另一份复印件给他。过了一会儿，他又来电话："中国代表团要来面谈，你分管中国，和我一起参加。"代表团的一秘来见司长，介绍中国对台湾问题的立场，司长代表世卫组织致歉，表示马上更正。一秘走后，司长问我是否都听明白了，记清楚了，交代马上写一份备忘录。起草备忘录，对我来讲轻而易举，因为我在国内是卫生部对台工作领导小组副组长。司长阅后表示同意，立刻签字发给总部各部门，要求今后一律按备忘录处理台湾的称谓，网站上台湾数据的表述在下午得到了改正。有人说，你这不是为中国政府服务吗？答案既是yes也是no。首先，我是在维护联合国的决议，是忠诚于联合国的表现。世卫组织是联合国专门机构，必须执行联合国第2758号决议。我比别人更早发现问题，通过合理途径维护一个中国原则，这也是中国人的责任。这样做，应当说是两全其美，恰到好处。

促进合作。作为分管中国的职员，我还促成了中国与世卫组织达成新的合作协议。李钟郁当选为总干事后，于2004年4月再次访问中国。为筹备这次访问，双方做了一系列准备，包括商讨签订新的合作协议。我一方面和中国卫生部具体联系，一方面在世卫组织内部协调，准备协议英文文本。根据双方达成的共识，中国提高了自愿捐款数额，资助 10 位优秀卫生人员借调至世卫组织总部工作。这是中国政府各部门第一次以自愿捐款方式推送国际职员。此外，中国为传统医学项目提供了 50 万美元的自愿捐款。这是中国第一次"戴帽"下达自愿捐款给传统医学项目，负责该项目的官员张小瑞原为中国中医药大学副院长，后晋升

与张小瑞医生合影

为项目协调员，她为促进世卫组织传统医学工作做出了自己的贡献。作为中国籍国际职员，我们的所作所为体现了对世卫组织的忠诚，也饱含着对祖国的深情。

世卫组织还有位负责生物制品研制标准的中国职员。一次世卫组织技术部门召集关于某疫苗生产标准的会议，领导要她负责整理各国专家报送的材料，她发现材料没提到中国已在使用的标准，报告领导后世卫组织决定邀请中国专家参会。中国专家在会议上介绍了中国的标准，得到了与会专家的一致认同，标准被通过为国际标准。她在完成本职工作的同时，也使中国从中受益匪浅。可见，忠于联合国和热爱祖国不矛盾，关键是如何在自己的业务工作中把国际视野与家国情怀有机统一起来。

当然，对具体做法也是可以探讨的。记得某培训班上，我第一次听到"国际职员做好本职工作就是最大的爱国"，说这个话的是我国一位资深大使。当时有位年轻学员提问是否要在国际组织宣传党和国家。大使回答：宣传不是国际职员的任务。联合国规定国际公务员言行要符合《联合国宪章》及其规定的价值观，而非本国政党或政府的主张。我认为，联合国的三大目标，维护世界和平、促进经社发展、保障基本人权，是全人类共同追求的价值。爱国不是挂在嘴上，而是要体现在行动上。联合国为世界人民服务，和为中国人民服务不矛盾，中国人民是世界人民的一部分。

这里顺便谈一下政党问题。多次有学员提问：党员身份对应聘有影响吗？《国际公务员行为标准》第 44—46 条指出，国际公务员可以是政党的成员，条件是：这个政党的主导观点及其对党员规定的义务必须符合联合国系统的服务誓言。国

际公务员要保持独立和不偏不倚，不应参与政治活动，例如竞选或担任当地或国家的政治职务。不过，他们仍可参与地方社区或民间活动，但这种参与要符合为联合国服务的誓言。国际公务员在支持政党或政治活动时必须保持谨慎，不应撰写文章、发表公开演说或向新闻界发表谈话。

我在国际组织中没遇到过别人询问我政治信仰的情况，我也不主动向他人介绍。我和其他党员同志继续缴纳党费，关心国家大事，例如长江发生特大洪灾时，几乎所有中国职员都自愿捐款，有的人还资助贫困家庭子女就学。国际公务员没有宣传党和国家政策的义务，那是国家驻外机构人员的任务。讲中国故事，对国际公务员来说是通过本职工作体现我们的文化传统、精神风貌、优秀品质，而不是去说教和宣传。我再次强调：国际公务员做好本职工作就是最大的爱国。

第四节　家国情怀

国际公务员忠于国际组织，"并不是说国际公务员必须放弃他们个人的政治观点或国家观点，而是说，他们必须在任何时候都保持广泛的国际观以及对整个国际社会的理解"（引自《国际公务员行为标准》第 10 条）。这可以理解为"国际视野"与"家国情怀"之间的关系。对于国际公务员，要从世界人民利益出发，从全球角度看待问题。在全球化时代，要从世界角度看国家，而不是从国家角度看世界。从国家角度看问题，首先想到国界，想到我是某国公民；从全球角度看问题，首先想到的是世界，想到我是地球村村民。正所谓：视界决定境界，角度决定态度，我们一定要跳出框框思考，打破思维定式，即英文所说的 think out of the box。

联合国对国际公务员的基本权利、职责和义务有详细规定，包括每两年享受一次探亲假（home leave），让他们回国探视父母，重温祖国文化。"家国情怀"是得到国际组织认可和支持的。

1994 年我到日内瓦任职，始终怀念着国内的工作，挂念着同事、亲人。在瑞士 14 年，每年我都自己设计、绘制新春贺卡寄给国内的老同事。这也许和我从小喜爱美术有关，小学时我参加课外美术小组，读中学时还临摹仕女画消遣。

笔者 1964 年画的《天女散花》　　　　　　笔者 1997 年和 1998 年绘制的新春贺卡

　　我和在日内瓦的同事时刻关心着祖国。1999 年 5 月 7 日，北约美国 B-2 军机轰炸我国驻南联盟大使馆，大家和国内同胞一样义愤填膺，以不同方式表达我们的愤慨。

　　1997 年 6 月，卫生部在《健康报》上征集部徽设计方案，我看到后不禁回忆起在卫生部的岁月。1987 年我刚做司长不久，设计了卫生部的第一个标志，部领导批准后将其用于对外专用信笺、给外宾赠送的礼品、宴请宾客桌签等上。于是我在日内瓦利用业余时间设计了三个方案寄给卫生部。第三个方案被采纳，只是他们把五颗星改成了长城图案。部徽有几个寓意：地图、经纬线表示中国与全球卫生的关系；蛇和针灸针，表示传统医学和现代医学共同发展；长城体现预防为主，橄榄枝代表生态环境，象征生命、健康、和平的和谐统一；图案采用淡蓝色，简洁明快，与世卫组织会徽颜色接近。

笔者寄给卫生部的设计方案　　　　　　　卫生部公布的部徽图案

笔者与陈冯富珍在一起庆祝生日　　　　　　其他机构同事在笔者（前排左三）家聚会

国际组织的中国同事相互关心，相互帮助，共同努力。联合国日内瓦办事处"中文书会"是中国职员以文化维系感情的纽带，得到了联合国和中国驻日内瓦代表团的支持和赞助。中国籍职员发起成立中文学校，为年轻职员的子女补习中文。联合国及当地组织举办义卖等各种文化活动，促进与各国的相互了解。我不懂书法和烹饪，也到现场参加活动，展示中国的文房四宝，用毛笔给外国朋友写名帖；和家属们动手包饺子，宣传中国传统文化、饮食文化。

国际职员有的因配偶不能随任，成为"单身汉"。我逢年过节请他们到我家聚会，成为"单身汉俱乐部"召集人。大家在生活上、事业上、精神上互助互勉，形成一个温暖的集体。我不仅和世卫组织的同事打成一片，和其他机构（如世界知

为世卫组织同事践行（后排左三为笔者）

识产权组织、国际劳工组织、国际电信联盟、世界贸易组织、联合国贸发会议）的同事也保持联系，相互支持。对来自港澳等地区的同事我们也一视同仁，经常往来并提供力所能及的帮助。

每当同事退休回国，我们都组织欢送活动。我2007年退休，世卫组织的同事在日内瓦湖畔聚会，我国驻日内瓦代表团的有关领导也来参加。

笔者（二排右五）2007年离任，部分中国同事聚会送行

国际职员的配偶为支持国际职员的工作而放弃在国内的工作，实际上是一种奉献。不少职员家属参加日内瓦有关组织的法文学习班，到中文学校兼职任教，参加当地的社区活动，介绍中国的烹饪、文化，协助瑞士官方有关机构来华举办友好活动，有的还找到了合适的工作，既丰富了自己的生活，又扩大了中国的对外影响，促进了与瑞士乃至与其他国家的国际职员的友好关系。他们用各种方式讲好中国故事，开展公共外交，成为没头衔、没报酬的民间使者。我任职初期，我夫人留在北京，参加联合国1995年世妇会非政府组织论坛筹备工作。到日内瓦后，她与人合作创办"21世纪发展与培训协会"，义务协助国内有关部门、地方政府的人才培训。我反而作为家属，业余参加活动，充当司机和翻译。她接待过全国妇联组织的省市主席考察团、中国科协组织的省市科协主席考察团、北京大学等高校的校长考察团、北京市国际组织行政决策考察团，以及到日内瓦大学高级研究生院和有关国际组织培训的北京市年轻优秀干部等。

2005 年，笔者与夫人吴甘美（前排右五、右六）陪北京考察团与
陈冯富珍（前排左四）合影

　　国际职员远离祖国，部分人甚至失去了国内的友情与亲情。我 1994 年到日内
瓦，老父留在北京由我弟弟照料，他最为钟爱的孙女也到国外读书。老人思念晚
辈，但给我们的家信从来报喜不报忧，包括他最后生病住院也没说。1995 年 8 月
22 日，父亲因病突然去世，享年 76 岁。他病榻旁留着给孙女的一封没有写完的
家信。我是家里唯一的大学生，是父亲引以为傲的长子，却不能回国奔丧，送老
人家最后一程。1995 年 9 月 4 日是联合国世妇会开幕的日子，各国外宾会前飞往
北京，我买不到返回北京的机票，抱憾终生，只能泣书悼词寄托思念之情。

第五节　人际关系

　　国际公务员要处理好与国际组织内、外各方面的关系。首先是外部的公共关
系（public relations），包括与联合国系统各机构的关系、与会员国政府及立法机构
的关系、与公众及媒体的关系。其次是内部的人际关系（interpersonal relations），

包括与管理部门的关系、与上下级以及同级的关系。这里只讲几个关于内部关系的小故事。

国际公务员来自世界各国，工作环境的跨文化氛围是其特点，处理各种关系，首先要符合"尊重多样性"的核心价值观。《国际公务员行为标准》指出："容忍和谅解是人的基本价值观"；"国际公务员必须一视同仁地平等尊重所有的人。这种尊重造就一种关心所有人的需要的气氛和工作环境"；要在多文化环境中做到这点，就要切实尊重不同习俗与文化，"避免发生某一文化不能接受的任何行为"；"尊重他人持不同意见和遵行不同文化模式的权利，要求愿意毫无偏见地与不同国籍、宗教和文化的人士共事"；"避免任何可理解为有偏见或不容忍的言论"；"不应拘泥于本国或本地区的态度、工作方法或工作习惯"。这些是指导国际公务员处理人际关系的基本要求。

国际组织基本是由西方主导，在一定意义上讲，议事规则、职员构成、工作语言，西方都处于主流地位。但是也要看到，世界文明是多彩的，不同文明是平等的，各种文明是包容的。中华文明有五千年历史，我们有我们的优势，在处理各方面关系时，要充分自信，不卑不亢。我国成为世界第二大经济体，更应自信，自信而不自卑，自信而不自傲。

平等对待同事

处理国际职员间的平行关系，我要讲一点相对于国内来说的特殊之处。由于国际职员意识形态、宗教信仰、政治观点各有不同，有时可能发生争议。遇到这类情况，最好不参与争论，即使必须表达我们的观点，也要讲究方式方法。例如，关于台湾"观察员"地位问题，我们部门一位外交官对我说："为什么不让台湾加入世卫组织？台湾愿意提供避孕套援助非洲预防艾滋病，我们接收不是很好吗？"我没按中国的官方表态反驳，而是用自己的话说："无偿捐赠避孕套当然很好，可是台湾不是世卫组织成员。"他说："台湾是世贸组织成员，为什么我们这里不行？"我回答："世贸组织的成员是独立关税区，世卫组织成员是主权国家。联合国1971年通过决议，说中华人民共和国政府的代表是中国在联合国的唯一合法代表。咱们是联合国专门机构，要执行联合国决议。咱们负责筹集资金，筹的钱越多越好，你的想法有道理，但这是政治问题，只有联合国才能解决，在这里讨论政治，岂不是浪费时间？"于是，他不再争论。我说的是联合国决议，实际也是中国的立场。我未必能说服他，但避免了正面冲突。搞好和外国职员的关系，不需附和他们的观点，也不必争论，因为那不是岗位职责的要求。我们需要做的是在工作上团结协作，做合作伙伴。有需要帮助的时候，真正给予力所能及的帮助。我作为 team player 或 team leader（团队成员或团队领导），始终保持团队精神，受到了大家的好评。虽然大家来自不同国家，但友谊是真诚的。我退休回国前，总部各部门合作过的同事在留言簿上签名，出差在外的同事通过邮件将留言发给秘书，打印后贴在留言簿上。

看到几十位同事发自内心的留言，我非常感动。留言簿的法文是 livre d'or（金书），外国同事的留言，真的像金子一样珍贵。

留言簿

外国同事留言

尊重下级秘书

如你入职就在领导岗位，或后来有职务晋升，千万不要以为当领导后，自己的能力、水平就会自动提高，什么都比别人强。人贵有自知之明，尊重他人才能受人尊重；自以为是，搞不好与下属的关系，最终必将自食其果，自讨苦吃。国际组织一般给业务官员配备秘书，业务官员一定要善待秘书，切忌居高临下，盛气凌人。

勿自我膨胀。有一位同事，因为自我膨胀，一年试用期没结束就被撤换。总干事换届时会聘用几位高级官员，职位属于政治任命，被聘用的关键不是个人能力而是国家背景。这位同事飘飘然忘乎所以，对外炫耀自己是副部级领导。她与其麾下司长闹矛盾，司长业务能力超强，但她不给其施展空间。她被部下形容为

incapable、inefficient、indifferent（不胜任、效率低、冷漠），一年后被免职，取而代之的恰是那位司长。可见，高级官员处理不好与部下的关系，同样不行。权力≠能力，地位≠水平，专业知识≠人际关系。职务再高，也要平等待人，以诚待人，建立良好的人际关系。卡耐基说过，一个人的成功，15% 靠专业知识，85% 靠人际关系。

勿小觑秘书。秘书是 General Service Staff，一般只要具备中等职业学校学历即可。但是，他们大多工作经历长，比新来的业务官员更熟悉国际组织情况。与秘书关系处理得好或坏，直接影响工作效率。搞好和秘书的关系，事半功倍；否则，不仅事倍功半，还可能遇到麻烦。

例如，我职务晋升后，调请一位行政助理做我的秘书。她认为对她来说这不是晋升（promotion）而是降级（demotion）。其实，她不愿搬到我办公室隔壁的真正原因是给部门领导做秘书，工作量大，自由度小。这位秘书工龄长，有经验，不好管。给她分配工作就像让她跳高，让她跳 80 厘米，她说你藐视她；让她跳100 厘米，她说你难为她。她只能跳 90 厘米，也就是说只承担她愿意做的工作。她有终身合同，拿她没办法。我知道这个原因后恍然大悟，怪不得人事部门之前把我的秘书借调给总干事办公室，而没有选择这位更资深的行政助理。

这个案例说的是与秘书的关系，而下行关系不只是对待秘书这类一般工作人员，也包括对待级别比你低的业务官员。国际组织中，上级跟下级拉近关系的现象十分平常。领导常常借各种机会，例如秘书生日等，组织下属在办公室聚会小酌，领导自带酒水、小吃，还在出差回来给秘书带小礼物，增进相互感情。国际组织的上下级之间，没有人身依附关系，下级有独立的人格，各有各的岗位职责，不会唯上是从、唯命是听。上级只有尊重、关心、团结下级，才能调动他们的积极性，形成并发挥团队精神，齐心协力完成任务。

服从不是顺从

由于各种原因，联合国的中国籍职员的职位总体不是很高，但这并不表示中国职员的能力不强。我对上级的做法是：相信但不迷信，尊敬但不崇敬，服从但不盲从。上级处于领导岗位，必有他的长处，或经验多能力强，或关系广情况熟，有值得尊重、信任、服从的道理。处理上下级的工作关系，《国际公务员行为标准》规定：下级必须服从上级的决定，即使决定不符合个人意见也要服从。不过，如果怀疑上级的指示，可以口头表示异议；上级不同意的情况下，还可书面提出自己的意见，如果上级仍然坚持，下级可保留个人意见，但不得耽误执行。

不盲从。我理解国际组织的规定说明，下级必须服从上级，并不是要下级唯上是从、唯命是听。我第一位领导在世卫组织工作多年，熟悉情况，为人坦诚，但较固执己见。我是新手，遇到不同意见采取不争论的态度。一次和某国开年度评审会，我组织业务部门汇报捐款项目的执行情况。会议结束，对方要求助理总干事留下来，谈机密事宜。所谓机密是指，他们提供捐款，要求提升该国几位职员的职务。助理总干事答复：这不符合联合国规定，捐款与职员晋升是两码事，会员国政府不得干涉职员晋升。会后，我编写纪要，考虑小范围会谈内容敏感没纳入其中，但对方收到草稿后要求纳入。我分析他们的目的是要向该国政府交代，于是把这部分内容纳入了纪要。按惯例，纪要应发给世卫组织各个参会部门存档。我向我的直接上级建议内部分发时删掉机密内容，但是他没听我的建议，就全文发出了。他很快受到了一位助理总干事的批评（因其手下的该国职员看后觉得不体面）。我知道后，建议他收回材料，删掉机密内容后重发。他没有听进去，反而对助理总干事说，纪要历来按捐款国意见定稿，这是惯例。他自以为是，称助理总干事不懂惯例，他的做法显然欠妥。一周后，助理总干事给他发了书面批评，要求下不为例。他接到批评后，在我们部门内部发了一个备忘录，要求今后纪要不得涉及敏感问题。我看到后非常恼火，我早就提醒他，他不听；现在发备忘录，让不了解内情的人以为是我的问题。我本想和他理论一番，后来忍了下来。我叮嘱秘书妥存文件，备日后查考。我实际承受了他人可能对我的质疑，但维护了领导的威信。那时刚入职，还不知道《国际公务员行为标准》中的有关规定，但我的做法完全符合规定。我体会到，国际职员的职务高低，不代表水平的高低。遇到与上级意见分歧，要敢于表达，该坚持的就坚持。上级意见错误但又必须执行时，要学会保护自己。这样一般不会影响上行关系，反而会赢得敬重。此事发生在我入职第一年的试用期，一年后我的上级领导给我评语说："宋先生很好地适应了世卫组织的工作，他以往的经验很有价值，他认真负责，思想超前。"这让我认识到，在适当时候以适当方式帮助上级，既不失原则又维护其威信，是搞好上行关系的一个有效方法。

适度包容。遇到上级的问题，既要坚持原则，也要适度容忍，不可轻易当面对峙。给上级提意见应被看成做好本职工作的组成部分，这样不但可以帮助上级改进工作，还能使你得到尊重和信任。当然，提意见要让人心悦诚服，注意时间场合，讲究方式方法。

一次，有个新来的领导年轻有为，但是我看不惯他屡屡青睐女性职员。例如，一次我们部门要求业务部门报送某国捐款使用情况，唯有某部门一女士不交，她便把那个领导搬出来替她说项。最后，我在坚持原则的条件下，适当妥协。尽管如此，我从未发火，工作中对他尊重如常，还给他提合理化建议。他对我的工作反而称赞有加。我体会到，对上级的个人表现有看法，只要不涉及公务，没必要议论，人在做天在看，关键要做好我们自己。

一视同仁。国际组织的司、处级一般不设副职，所以不需考虑如何处理与副手的关系。但是，直接主管之上有更高一级的领导，两级领导都可能和职员发生工作关系。对不同层级领导，不可厚此薄彼、亲疏有别，而应一视同仁、疏密有度，保持"等距离外交"。

我的司长看问题水平高，不纠缠细节，时常直接越过我的上级处长给我指派任务。司长越级下达任务，对我是信任，但处理起来有时会让我进退维谷：拒绝不办，司长不满；直接照办，处长抱怨。我的办法是，司长交代的事都向处长报告，征求他的意见再办，工作成果以处长名义向司长报告。遇到处长与司长意见不同，从不以司长压处长，把司长意见作为我的看法和处长切磋，尽量取得一致。这样，既完成了司长交代的任务，又把成绩记在处长的头上。只要把工作放在第一位，不计较个人荣辱得失，结果反而可以得到两级领导的信任和好感。

坚守原则。中国有句俗话"官大脾气涨"，国际组织也一样。我们对外关系司，工作内容包括安排高层领导的重要活动。遇到领导坚持己见，难以执行的情况，如何不冒犯领导，坚持正确意见，对普通职员的确是个难题。我觉得，即使面对的是总干事，只要自己的意见正确，该坚持的也要坚持。当领导时在人之上，要把别人当人；被领导时在人之下，要把自己当人。不论是领导还是被领导，都要尊重对方的人格，尊重自己的人格。国际职员的人格有时也涉及国格。

【案例一】2003年5月19日，李钟郁当选为世卫组织总干事，7月21日正式上任就职。在过渡期他组建领导团队，表示希望请一位中国人负责传染病部门。

我非常期盼北京推送的人选，然而总干事 7 月 17 日发给世卫组织所有职员的任命邮件让我十分失望。因为预计中的中国同事不在名单之上。7 月 21 日上班，总干事来电话向我解释他将任命这位同事为助理总干事级别顾问，我当时回答的态度相当激动。回想起来即使维护国家利益也要注意克制情绪，讲究礼貌。

【案例二】2004 年 4 月李钟郁访华，希望与胡锦涛主席和温家宝总理会面。我负责具体联络，但不可能立即得到国内答复。李钟郁认为我效率不高，批评这是 poor arrangement（安排太差），他的办公室提出改变日程等要求。这必然给中方造成麻烦，但我不便直接反对，于是通过我的司长，婉转表达了我的建议。在筹备过程中，我承受了很大压力，最终胡主席、温总理先后会见了他。他当天深夜给我发邮件，写道："访问很成功，我的感觉很好。非常感谢你的安排。"此后，高强副部长与总干事在日内瓦签署了合作协议。这是我第一次以国际职员身份参加签字仪式，并为总干事助签。

双方签署合作协议（左一为笔者）

可以说，非典之后中国与世卫组织的合作进入了新时期。双方签订合作协议后，李钟郁总干事 2004 年 5 月 20 日到中国驻日内瓦代表团参加了中国卫生代表团的招待会，我请他和中国部分职员合影，他欣然同意。

我不厌其烦讲这么多，主要是要说明我并未因坚持自己的正确意见而影响和总干事的关系。相反，他后来对我相当尊重。有时，他中午到职工食堂吃饭，见到我时常会绕到我桌旁打招呼。2004 年，他提前一个月给我发圣诞贺卡，上面除

李钟郁（左八）与中国同事（右四为笔者）

了祝贺新年，还邀我一起午餐或晚餐。

中国乙酉春节在 2005 年 2 月初，我也提前给他回送贺卡，祝他鸡年幸福。我和他两个人都属鸡。人民美术出版社策划出版图书《乙酉贺岁》时，约我找一位属鸡的名人题词。我马上想到了李钟郁，我和总编拟的贺词是："中国十三亿人，每人都有一个，但是加起来一共只有十二个，这就是中国的生肖。如果可以分享中国传统文化的话，那么我也拥有一个生肖——鸡。公元 2005 年，是中国的农历鸡年。谨祝中国经济发展、文化繁荣，祝中国人民身体健康、生活幸福！鸡年吉祥！"李钟郁欣然同意，提笔签字。他签字的贺岁书，现仍放在我书架。但是他却不幸于 2006 年 5 月 22 日突发脑溢血而离开了我们。

总干事给笔者的贺卡

《乙酉贺岁》封面

李钟郁题词

【案例三】前面"职务晋升"一段提到了我和助理总干事艾特肯的一段对话，当时我情绪控制得不太好，并非对他本人有意见，而是对总干事决定有看法。后来，为了我所主管部门的人事问题、工作问题，我和他做过多次讨论，虽然我是他下级，但每次我都直率地提出我的看法，甚至和他有争论。我完全出于公心，并未因此影响关系。我离任前，他亲自布置跨部门欢送会，请三位助理总干事和各部门几十位同事参加。他讲话时，从14年前第一次见面谈起，说："宋先生很谦虚，第一次见面时就先向我请教，问怎样和英国打交道（注：艾特肯是英国籍，而笔者分管英国）。他告辞前告诉我，中国是世卫组织创始国，我第一次从他那里了解到那段历史。大家都说宋先生 nice，其实和我谈工作时他很 tough。"艾特肯在我离任时说的这番心里话，评价中肯，让我很感动。他在留言簿里写道："亲爱的宋先生，非常高兴和你在一起工作这么多年。我觉得你在工作中一向非常公正和专业，并且非常理解他人的观点。"

艾特肯助理总干事（左三）等与笔者（右三）在欢送会上

回顾在世卫组织的经历，我觉得一个人能在什么岗位担任什么职务，要看学历、能力、经历，也要看机遇。作为个人，应淡泊名利，脚踏实地，践行三字箴言"卡尖斌"（能上能下、能大能小、能文能武），笃信天道酬勤。Always be the best of you.（永做最好的自己。）

第四章　归鸿追梦

　　我从 1964 年留学到 2007 年退休，43 年当中有 20 年在国外。退休时我 62 岁，相当于有三分之一的时间在海外。第四章标题"归鸿追梦"，取自我留学 50 周年的纪念册。当初留学，是国家外交事业发展的需要，后来出国则是因为中国恢复联合国合法席位后的国际组织工作。时至今日我们国家在国际组织的代表性，仍与我们的大国地位不相匹配。我们那批留学的同学，进到国际组织工作的很少，据我所知还有留学法国的张月姣和刘培龙。

　　张月姣于 1982—1984 年任世界银行法律部法律顾问，1984—1997 年在对外经贸部（现商务部）做条法司司长，1998—2004 年任亚洲开发银行助理法律总顾问。她 63 岁时当选为世贸组织上诉机构大法官，2008 年就职，任期 4 年。2018 年她被评为百名"改革先锋"之一。2019 年清华大学成立"国际争端解决研究院"，她是首任院长。刘培龙和我是同事，曾在援外医疗队工作，后任卫生部贷款办公室主任、国际合作司司长，2003—2007 年在世卫组织担任助理总干事级别的高级顾

左起：宋允孚、张月姣、吴甘美、刘培龙

问。他在退休后开展全球卫生研究和教学，2012—2017 年任北京大学公共卫生学院全球卫生学系创系主任。我同届的好多学友和他们一样，退而不休。

我从世卫组织退休后，2007 年回国，不久美国爆发次贷危机，国际上有人提出 G2 等构想。我认为 G2 主宰世界不可能，但说明国际社会更加关注中国，中国也需要提升国际事务的话语权。我觉得，在培养和推送优秀人才到国际组织方面，我似乎可以做点事情。

我的初衷

我热心于国际组织人才培养，还有一个历史情愫。1986 年我做卫生部外事司司长，在全国选拔年轻同志推荐给世卫组织，但是成效不如人意。1994 年我赴世卫组织任职，利用业余时间进行调研，写了《对国际公务员派遣工作的建议》送国内参考。报告有 10 页纸，提出了 6 点具体建议。由于历史条件的限制，建议虽受到了卫生部领导的重视，但未能得到有关部门采纳。

10 年后的 2004 年 2 月，卫生部国际合作司尹力司长利用我回北京休假的机会，约我见面听取我的建议。

我再次提起 1994 年报告的内容，介绍外国推送国际公务员的一些做法。这次我的建议得到了国内领导的首肯。2004 年，卫生部决定资助借调 10 人到世卫组织总部工作，这是国务院各部委第一次做此尝试，也是至今为止唯一的一次。尹力后来晋升为卫生部副部长、国家食品药品监督管理局党委书记兼局长，现任四川

尹力司长会见笔者夫妇。左起：宋允孚、尹力、吴甘美、任明辉、邢军

省省长。当年一起座谈的任明辉副司长后来晋升为司长，现任世卫组织助理总干事；邢军处长后来被借调至世卫组织，现在是世卫组织局级官员。

我推介国际公务员工作的初期，国内公众的认知度远不如现在，遇到了一些困难。近几年，政府有关部门越来越重视，国际组织人才培养和推送工作有了很大进展。

著书育人

党的十八届五中全会提出"提高我国在全球经济治理中的制度性话语权"。制度性话语权不仅涉及经济，其实还关系到国际事务的方方面面。联合国及其专门机构的任务之一，是在世界范围内为各领域定规则、定方向、定标准、定议程。中国参与全球治理要"双轮驱动""两条腿走路"，国际公务员有不可替代的作用，应被视为参与全球治理的重要力量之一。我做了以下一些工作。

2011 年，撰写国内首部相关领域的专著《做国际公务员：求职、任职、升职的经验分享》。

2016 年，编写《国际公务员与国际组织任职》，为"新编 21 世纪政治学系列教材"之一。

2017 年，作为总顾问参与《新编公务员外事礼仪》的编写。

2019 年，和浙江大学出版社策划"国际组织与全球治理丛书"，与联合国前高级官员徐亚男大使、国际劳工组织前高级官员王纪元局长一起主编《国际公务员素质建设与求职指南》，介绍国际组织招聘途径、申请程序、应试攻略，以及国际公务员基本素质等。

笔者近年编写或参与出版的书

授课及做讲座

我为国家机关、高校组织的国际组织后备人员培训班、国际公务员能力建设培训班授课及做讲座，迄今已有300余场。

培训。中央和国家机关、企事业单位对在职干部进行培训，请我参加有关工作，包括中组部为有关部委人事工作负责人培训、外交部出国任职和新入职干部培训、香港特区行政官员培训；卫健委国际组织后备人员培训；人社部、中国科学院、中国科协、中国联合国协会年度培训班，以及科技部、公安部、工信部、农业部、国家外文局、核工业集团、中国移动等单位的培训。

巡讲。教育部2016年12月提出支持鼓励高校毕业生到国际组织实习，2017年3月为百所高校就业指导老师举办国际组织人才培养培训班。人社部、教育部"鼓励大学生到国际组织实习全国高校巡讲"，以及国家留学基金委组织"国际组织实习进校园"等活动邀我参加。

训练营。我应邀到各地高校训练营授课，被21所高校聘为国际组织人才发展导师、顾问、客座（兼职）教授，讲座受到了同学们的好评。有的同学反馈说："两小时的演座，囊括了国家发展的历史和个人跌宕起伏的经历，包容的国际视野让我们大开眼界，精彩纷呈的经历让人意犹未尽，穿插的故事生动幽默、深入人心。讲座以丰富的专业学识、谦和的外交风范征服了在场的师生，为我们争取到国际组织实习、提升国际交往能力、做国际化人才，开启了一扇窗，点亮了一盏灯。"评价不乏溢美之词，对我是一种鼓励与鞭策。

在人社部2011年培训班授课

在高校做国际组织任职经验分享主题讲座

咨询。我参加了不少高校全球治理与国际组织项目的研讨，包括外交学院、北京大学、浙江大学、西北工业大学、中国人民大学、北京外国语大学等。

宣传。这项工作受到了越来越多的关注，《健康报》2014 年刊登了记者的采访报道《让青年一代走向世界舞台》，2015 年凤凰调频广播播放了《如何成为一名国际公务员》节目，2016 年《中华英才》杂志刊登了记者的采访《国际公务员培养刻不容缓》，2017 年人社部网站开辟了"国际职员风采"系列，首篇是《世界卫生组织前高级官员——宋允孚》，2018 年北京大学国际关系学院录制慕课"如何做合格的国际公务员"开展线上教学，2019 年中央人民广播电台《好书推荐》栏目播出了采访节目，《中华英才》杂志刊登了文章《国际组织人才培养任重道远》。

《中华英才》杂志上的文章

我的思考

2020 年，在抗击新冠病毒疫情的过程中，中国得到了世卫组织的支持与合作，这也加深了人们对国际组织重要性的认识。世卫组织官员和专家对我国的努力做出了高度评价，世卫组织也展示了其在全球卫生治理中的重要作用。

目前，我国有多位同事在世卫组织任职，包括传染病防控、疫苗标准、基本药物、传统医学、非传染病、图书出版等多个部门，地点在世卫组织总部或西太区办事处。2019 年国家卫健委全球卫生后备人才培训班有位学员，在 2020 年被借调至世卫组织任驻刚果（金）代表处官员，还作为世卫组织职员参加中国大使馆向刚果（金）卫生部部长提供抗击新冠肺炎物资的仪式。

这对我国提升在全球卫生治理中的话语权，具有重要意义。结合在世卫组织的工作感受，以及退休后接触到的情况，我在这里分享一点不成熟的思考。

近几年有关部门加大人才培养和推送力度，大体包括两方面。

第一个方面是推送人员竞选联合国专门机构的主要领导职务。联合国有 10 多个专门机构，我国现有 4 位"一把手"：联合国工业发展组织，2013 年李勇当选为总干事，2017 年连任；国际民用航空组织，2015 年柳芳当选为秘书长，2018 年连任；国际电信联盟，2014 年赵厚麟当选为秘书长（2015 年上任），2019 年连任；联合国粮农组织，2019 年屈冬玉当选为总干事，任期 4 年。此外，香港特区卫生署原署长陈冯富珍于 2007—2017 年担任了世卫组织总干事。这方面的工作要有战略思考、统筹政策。

第二个方面是推送人员担任国际组织其他职位，包括一般职员、专业官员、高级官员。我国在国际组织的代表性至今不足，培养优秀人才到国际组织任职，刻不容缓，迫在眉睫。这是一项长期系统工程。当前的紧迫任务是从国家公务员队伍中选拔优秀人才，针对性地进行培训，将他们推送到国际组织的相应岗位上。此外，国际组织人才培养要从大学生抓起。俗话说，十年树木，百年树人。人才培养，任重道远。国家大力鼓励支持大学生到国际组织实习，取得了长足进展。北京外国语大学和中国人民大学成立了国际组织学院、国际组织胜任力发展中心。很多高校建立了相关项目，不少学校还组织同学们参加出国短训。如何使这项工作进行得更科学合理，更有可持续性，有关部门和高校似宜进一步深入研究探讨。

2020 年是联合国成立 75 周年，我与联合国同龄。落红不是无情物，化作春泥更护花。老牛自知黄昏晚，不用扬鞭自奋蹄。在有生之年，我尽绵薄之力，助力青年走向世界。

第三篇

圈外人，超越

陈 恳

凡人凡事　进取超越

陈恳，下乡知青，曾在安徽北部一个偏远小村庄插队落户四年半。先后就读于安徽医学院与北京中医学院。毕业后留校，当老师，当医生。1986年评上讲师，1990年评上副教授，1999年评上教授。自学英语，数十次出国用英语教授中医，成为最早直接用英语给外国人讲课的中医师之一。

1990年赴世界卫生组织工作。一个没留过学，没做过官，与世卫组织没打过交道的圈外人，从临时工干起，一干就是20年。四次升迁，成为身兼司长和世卫组织驻国代表的高级官员。用他自己的话讲，诀窍就是：学习勤快点，脑子多动点，干活主动点，关系好一点，追求完美点。

退休前，他所负责区域一个会员国的参众两院专门为他通过了一个联合决议，感谢他不知疲劳的努力与付出；有总统给他颁发感谢证书，说他是他们国家的好朋友；世卫组织授予他纪念牌，感谢他20多年的忠诚与贡献。

退休后，他在世卫组织驻华代表处帮了几个月的忙，负责医改。在世界中医药学会联合会当过一阵子秘书长特别顾问，在中央财经大学和原卫生部卫生发展研究中心参加过一些项目。他热心于帮助年轻人走进联合国，参与全球治理。

喜欢唱歌，崇拜帕瓦罗蒂，但不识乐谱。喜欢画油画，但没学过，纯粹凭感觉涂抹。体育项目都不行，但喜欢高尔夫，虽然球技很差。英语全是自学，但有三本英文书面世。还有一本中文书，被新华书店放在"美术理论"那个书架上。

他的故事，讲一个世界风云变幻中的"普通人"，因为稀缺，有了个机会，进入国际公务员圈里；他的故事，讲一个平凡的中国人，在联合国工作期间遇到的有趣人、有趣事，做过的有用事；他的故事，有惊险但没有太多离奇，有温度但没有太多浪漫，只是一个"普通人"的"平凡事"。

第一章　走出国门

第一节　懦弱的小男孩

我的故事，始于 1948 年 6 月 21 日。这天是中国的夏至。

我的父母都是抗战时的流亡学生，就学于西北联大。

父亲学经济，母亲学工科。我母亲记得她们工学院在一个很大的教堂里上课，院长叫"赖琏"，是个海归。后来，这位赖院长在纽约联合国秘书处当过中文翻译组组长。我母亲毕业那一年，西北联大已被解散重组为五所学校，她所在的西北工学院毕业生中只有她一个学理工的女生。

小时候的我，胆小懦弱，木讷腼腆，没主见，经常被别的孩子欺负。记得有一年，几家亲戚聚在一起过年，每个孩子都领到了礼品，却单单少了我的。我悄悄地不敢吱声，躲在祖母的身后，看别的孩子拆礼盒，玩新玩具。上小学时，我常常坐在弄堂口的消防水龙头上，等母亲下班回家。有一天，一个比我低一年级的男孩与几个女孩走过来，大概是为了在女孩面前显示一下，这个男孩莫名其妙地把我打了一顿。

儿童游乐场有个三层木跳箱，我一直不敢从上面跳下来。在父亲的逼迫下，我哭着从上面跳到沙坑里。小时候我去过一次苏州，爬海拔只有 201 米的天平山给我带来的恐惧，在以后的很多年里一直影响着我。晚上关灯后，躺在床上看到天花板上的黑影总觉得是天平山压在那儿，这一场景总是会出现在噩梦中。

那个年代男孩玩的打玻璃弹珠、刮拍洋片、抽陀螺，我都不会。我也不会跳绳、翻跟头。我只喜欢一个人关起门来默默地玩。母亲曾给我买过一个比成人中指长一点的单筒望远镜，我常常用它来看星星。我有一个纸壳的显微镜，目镜是颗很小的玻璃珠，被观测物夹在两块薄玻璃片中，纸筒的下部有一个可调节的反光镜，把光线聚焦集中反射到被观察物上。我用它来看树叶，看蜻蜓的翅膀，看自己手指上挤出的一滴血。

胆小腼腆、缺乏自信心，这样性格的我，进入群体中，怯怯地跟在别人后面，只能是个"跟屁虫"。更可悲的是，为了被接受和认可，我有时会参与起哄。倒霉的是因为我的嗓门大，名字又好记，于是常常为别人背黑锅。小学时，班里一位"领袖级"同学对体育老师有意见，给这位老师起了个外号，并在课上带头鼓噪。体育老师到班主任那儿告状，把我抓了出来，硬说是我给他起的外号。班主任找家长谈话，虽然确实是冤枉的，但我的屁股还是挨了板子。

中学期间，成熟的同学都在积极争取进步，入团入党，规划未来，而我还在懵懵懂懂中。

上高中不久，有一天课后，班上留了几个同学开会，我在其中。那是专门针对"家庭出身不好"的同学的会。我知道其中有错，我们家应该不属于"出身不好"的家庭。我父亲是个处级干部，上海市劳动模范；我母亲分别在上海两个无线电厂当了 26 年总工程师，还是人大代表。我祖父母在上海也一直租房住，不会是资本家。只是我们住的那片地方，有钱的人多。可是，在会上我不敢说一句话。回家后，我让母亲去找校长。

那个时候，我就那么点胆。

母亲　　　　　　父亲　　　　　　与祖母　　　　　　与祖父

第二节　命运改变性格

1969 年 1 月 23 日，我们这批到安徽北部插队的中学生，坐上了一列运送知青的临时加车离开了上海。车开得很慢，第二天下午把我们拉到目的地——安徽省固镇县。

下车时，天上飘起了雪花，像是欢迎我们的到来。县里张罗着给我们找地方歇息，学校教室、机关礼堂、办公室都打开门，让知青们进去喝口热水，吃点馍，有个过夜的地方。

一早，蒙眬中我从一个陌生的小城醒来，屋外已是白茫茫一片，大雪把小县城压得更挤了。因为雪太大，我们只好又在县城住了一夜，第三天才离开县城奔向各自的公社。我们区几所学校的学生被分到任桥公社。任桥，是京沪线上的一个小站，离县城 30 里。任桥站是公社所在地，除了一个小火车站，还有一条短短的泥路小街。

几十个上海知青和各队来接知青的人，把雪后那条泥路踩成了泥浆。一个公社干部在知青和各生产队来的老乡中间走来走去，先核对知青的名字，然后再询问哪个生产队要。老乡们与电视连续剧《白鹿原》白嘉轩等那些生活在 20 世纪初的原上人一样，穿着自己织染的黑色粗布棉衣棉裤，上衣没有掐腰，上下直筒，大大的裤腰两边叠起来，用一根布带或草绳绑在腰上，既固定了裤子，又收紧了宽松的棉袄不让风溜进去。我们五个男生去了一个离车站六七里地的小村。村里来的老乡们把我们的行李放上牛车。那个年代，淮北农村用的牛车，轮子是木头拼成的，没有辐条，铁钉铁圈把木块箍成圆形，木制轮子中心打入铁轴，车轴与车辕上安置好的铁瓦直接摩擦，没有轴承。为了能承受车载物品的重量，耐得住地里的石头疙瘩和坑洼沟坎的颠簸，车架车帮做得很沉。遇上一场几十年不遇的大雪，老乡在前面拉着牛，我们跟在牛车后面推。那六七里地，走得好艰难，每挪动一步都要先拔出几乎被雪埋到膝盖的一条腿，踩下一脚，再侧身拔出另一条腿……牛车在雪地上碾压出深深的辙痕，也许是想告诉我们前路漫长。

我们的大队名叫"迎水"，这名字浪漫，带点诗意。我们去的前张村，全村都姓张，有一百多口人，十头瘦牛、两头驴、一千亩地。在雪原上跋涉几个小时后，终于走进了村子。十几个泥巴堆垒起来的土屋，零星点缀着三四棵枣树，就是我们的新家园。

我们住进了一个贫下中农家里。几个月后，队里把国家给知青盖房配发的木料，盖了牲口棚。牛搬进新居，我们搬到旧牛棚住。我们在那个旧牛棚一住就是三年。

淮北平原，不算北方也不算南方，南北气候在此过渡交叉，夏天很热，冬天很冷，南北气候的不利因素都出现在这里。贫瘠的土地，不下雨就旱，一下雨就涝。村里地多人少牛瘦，牛比人还金贵，为了让牛歇息，我们几个常干牛干的活：犁地、拉耙、送肥、运庄稼。这些活中，最累的是拉犁。为了达到深耕的目的，犁头必须插得尽可能地深，拉犁的人还不能太多，不然前面犁好的地又被踩实了。我们五个人正好拉一张犁，每人拿根绳子系在预先拴在犁上的一根粗绳子上，再把绳子套在肩膀上。身子尽力前倾，打着号子，两腿使劲往后蹬，两手扒着地面往前挪，每挪一步都要使出浑身的劲，犁头才会往前移，才能把板结的土翻起来。一天下来，肩膀上满是绳子勒出的血印，脚肿手胀，浑身酸痛。按规定，到生产队后由公社粮站给我们提供六个月的粮食，六个月后，小麦熟了，收获了麦子，国家便停止供粮，今后的生活就全靠生产队分的粮食了。收获的季节到了，但并没有带来喜悦，上一年种下的冬小麦长得稀稀拉拉的，颗粒也很小。交了公粮后，不论男女老少，村里每人分得 25 斤麦子。按照植物生长期，这 25 斤麦子要吃 75 天才能接上秋粮。

我们五个刚过 20 岁的小伙子加起来一共 125 斤小麦。这 125 斤小麦磨成面粉，加上磨面剩下的麸皮，我们省吃俭用，勉勉强强维持了一个月，连麸皮也吃光了。面缸露底，锅碗舔尽，五个人坐在屋里大眼瞪小眼。

知道我们没得吃了，大爷大娘们来看了好几次，大娘们看得流泪，大爷们看着就讨论起来。最后，队长带着村里几个有威信的老人，到大队去"请愿"，表示这五个上海来的学生干得不错，能吃苦，能干重活，为生产队出了力，不能让他们饿死在村里，要求大队公社能补给粮食。他们的请愿还挺管用，经公社批准，大队又给了我们每人 50 斤小麦，帮助我们维持到秋天。老乡们对我们好，我们也把前张村当家。

人民公社社员的劳动报酬主要是通过实物分配来完成的。生产队以记工分来计算劳力的付出。一般以男劳力一天一工十分为基线。妇女给八分。队上根据当年的粮食产量，交公粮获得的钱除去交给大队的公积金和生产队需要自留的资金，算出一个工分合多少钱。第一年，因为刚来，队里只给我们记妇女的工分，每天八分。那年我们队一个工合到一毛钱，我们每人干一天挣八分钱，除去分得的粮食和其他东西，一年算下来，我们欠了生产队两元钱。

同甘共苦换来了乡亲们的信任，他们为我提供了发挥的舞台。我在大队小学当过几个月代课老师；我给大队、公社写通讯报道，还到县里组织的通讯员培训班介绍经验；"学大寨"工作队进村，给大队弄了辆东方红四轮拖拉机，队里让我给一个会开拖拉机的社员打下手，干点摇手柄、加油和清洗活塞一类的事。地里有活就在地里干，地里的活干完了，就出去跑运输，拉砖拉煤，给队里挣点钱。

在农村，有一技之长的人往往不愿意教别人。年轻人都对开车有兴趣，我于是偷偷学，看多了，心里有了底，手开始痒痒了。一天和师傅出去跑长途，停在路边休息，我斗胆坐到驾驶座上把车发动开了一段路，又转回来。师傅看我起步平稳，行车、换挡、加速、倒车、停车一系列动作下来，还行。从那以后，我又多了个角色：拖拉机驾驶员。慢慢地，名声传开，公社就叫我去参加安排生产、公粮征收、征兵招工等各种会议，公社知青办让我去接待知青慰问团等工作。我们几个还被评为"安徽省模范知青集体户"。1973年，刚刚恢复的公社团组织要我去参加会议，我告诉他们我不是团员。大队团支书跑来找我，给了我一张表，吩咐了句"赶快填好交上来"，三天后我就去公社参加团员的活动了。

新家

拖拉机手

和我联合国生活关系最紧密的一件事应该是，我从上海带了本《赤脚医生手册》来，曾抱着那本书和大队赤脚医生一起给人看病。淮北的经历是无奈，淮北的经历是苦难，命运改变性格，淮北的经历改变了我。那是场脱胎换骨的改变。我懂得了要坚强，要努力，要靠自己。只有坚强才能面对，只有努力才能改变。

法国作家福楼拜说："人的一生中，最光辉的一天并非是功成名就的那天，而是从悲叹与绝望中产生对人生的挑战，以勇敢迈向意志的那一天。"

我的联合国之路，从这个叫前张的小村开始。

第三节 "中国制造"

也许是受家庭的影响，我一直认为掌握一门外语非常有必要。20 世纪二三十年代，为了学习美国开发西部的经验，我外祖父曾在美国待了七年，一边留学一边讲学。回国后不但自己去到大西北，还动员我大舅考取西北农学院，劝说我母亲去读了西北工学院。

1981 年我从北京中医学院中医专业研究生毕业后，留校当老师。医学院的老师在给学生上课的同时，还要出诊。有点时间，我就自学英语。记得学校曾经为有兴趣的老师办过英语业余班，一周一次一小时，由本校外语老师授课。这类班好像都办不长，没多久就散班了。

那时正流行《新概念英语》。学普通英语我用《新概念英语》，学专业英语就用谢大任编写的《医学英语》。我选了几十篇《新概念英语》的课文，采用读、背、复述、自编故事四步法，练习口语。读和背，主要为练嘴，要讲得顺；复述和编故事，主要是练脑。训练用英语思维，用脑指导口，让口和脑一起动起来，才能做到快速反应。我的办法是个笨办法，费时费工，不容易坚持下来。老是自言自语，别人会对我的精神状况有些想法。然而笨办法适合笨人，对我有用。之后我在国内用英语给外国学生讲课，到在世卫组织英语环境里工作 20 年，均受益于此。20 世纪 80 年代，闭塞太久的国门终于打开，很快，一股出国留学热潮掀起，政府官员、科研人员、高校教师纷纷被国家派往国外学习。随着改革开放的不断深入，出国留学的途径也越来越多。

学校曾三次问我愿不愿意去留学。第一次是申请世卫组织奖学金，第二次是去澳大利亚留学。我当然愿意去，兴奋之余我还认真考虑了要去学什么。后来知道，其实早已经内定了人选，询问只是个形式。后来，学校又问我去不去日本留学。我没有学过日语。虽然很多学中医的人都愿意学日语，但我总觉得英语是世界语言，要吸取国际上先进的科学技术知识，英语更有用。另外，自知能力有限，能学好一门外语已经不错了，若分散精力，另起炉灶，日语没学好，说不定连英语也忘了，不如把一门外语学到能运用自如的水平更有用。基于这个想法，我拒绝了去日本留学的安排。

我母亲常为她没有出国留过学而感到遗憾，可以说我们母子俩有着相同的命运。不管出国留学的潮流有多大，这种机会仍然极其稀缺，机会不总是公平的，机会出现的概率在不同群体之间差别很大。轮不上出国留学，就想找个在国内脱产学习英语的机会。当时，卫生部为了培养中医涉外人员，连续几年组织中医涉外英语班。全国各地中医院校和科研机构推荐学员来京脱产学习英语，第一年在北京第二外国语学院学习公共英语，吃住都在北二外。然后有半年时间在中医研究院针灸研究所，由该所翻译室的翻译讲课，学习中医英语术语与表达方式。

这么好的课程安排，很是吸引我。想参加英语班，要领导批准。一连找了三次系主任，他都不同意，说我必须留在学校讲课。

1985 年暑假结束后的新学期，教研室给我安排的课不多，而针灸涉外班的一批学员已完成在北二外的学习，就要到针灸研究所学中医英语，我非常想去旁听。但是当旁听生也要得到许可，第一关还是系主任。我把课程表放在他面前，用红笔圈出我要讲课的日子，要求没有课的日子去旁听，并一再说绝不会耽误给学生上课。好说歹说，这回系主任总算是勉强同意了。接下来是去找校长，找卫生部中医局局长。校长、局长倒是很支持。但局长说必须征得课程班主任的同意。局长还警告我说，班主任是个一板一眼、认真厉害的老太太，不太好说话，成不成就看我自己了。

班主任老师姓张，听我说明来意，老太太有点不高兴，一口就拒绝了。她认为我没有参加北二外的语言学习，肯定跟不上。于是我使出浑身解数与她磨，不管她愿不愿意听，翻来覆去地表达我迫切的愿望，不断表示我一定会努力……突然，她用英语与我说话。大概是我起初自学英语时自言自语地讲故事的方法真的有用，我居然能和她对上几句。试了几句后，她说："好吧，开学了你来。"然后又加了一句："你很快会赶上他们的！"

常言道，计划总赶不上变化。大约三个月后的一个下午，翻译室主任来到教室。原来，所里来了三个美国人，想要临时跟着针灸师实习临床针灸两周。他们听不懂中文，而翻译室的翻译都有任务，工作安排不开，只好从这个班里找个学生，给那三个美国人当翻译。他非常希望能有人自愿报名，可是等了好大一阵，并没有人有反应。他一再鼓励大家，但是30多个正式学员，没有一个人主动请缨。与平时一样，我还是坐在最后一排，一言不发。坐我边上的是针灸研究所的针灸师，他在自己单位听课，当然随便些。这位老兄推推我说："你去，我和你一起去。"打我去旁听开始，我们俩就坐在一起。他知道我能来几句英语。我一个劲地对他摇头，没想到他还是举起手，指着我的后脑勺说："他去。"前排的人都回头看，老师看了看我，再看看四周，见没有动静，说："好，就是你了！"就这样，我自学的英语第一次有了用武之地。这是我的第一次：第一次用英语与老外交流，第一次用英语讲中医。

没有专门学过英语，没有留过学，在语言能力上，我肯定有很多短板。自学英语，词汇量不足，表述方式有限，不能弄出文字变幻、句式多样的漂亮英语。基于自己的水平，我只能选择最熟悉的词汇、最简单的句式来表达我的意思。对我来说，语言就是个工具。我学外语的目的很清楚，别人说的我能懂，我说的别人能懂就行。

没有出国留过学，好像缺了点什么。没有到国外留过学，也给我带来点自豪感，那我就是个拥有完全自主产权的"中国制造"了。

第四节　起　飞

1986年7月16日，21个瑞典人、芬兰人到广安门医院见习针灸临床。

广安门医院是京城一家大型中医院，临床针灸当属一流，但突然要应对21个不懂中文的外国人，却犯了难。单靠本院的翻译力量，根本无法满足。着急之中，

广安门医院瑞典芬兰班

针灸科主任突然想起，此前我曾应广安门医院之邀，临时去帮忙陪同过老外，他赶紧又来找我帮忙。因适逢暑假，也是一个锻炼自己的机会，我欣然答应。

按照客人们的计划，他们在北京待三周。8月4日，是他们离开北京的前一天，他们中四位领头的悄悄约我出去吃了顿午饭。一开始，无非聊些第一次到北京的感受，以及三周来对针灸临床使用的体会，渐渐地他们把话题引入了主题。

原来，他们此行有两个目的：一是了解针灸在临床的实际应用；二是想物色一位中医师去他们那边讲授中医。他们已经跟着一个法国人学习针灸两年了，显然那位法国老师的知识已不能满足他们的需求了。另外，从中国请个老师过去，比他们一大批人来北京的经济负担要轻得多。前一天晚上，他们开会讨论这件事，结论是希望能请我，并让他们四个作为代表和我一起吃顿饭，谈这件事。

我已习惯了凡事由领导安排的固定模式，所以我的回答很简单：不知道能不能去那边给你们授课，请先与政府和学校联系。他们有些吃惊，以为我不愿意去，一再解释他们的目的和将会给予我的待遇，他们的国家很美，可以带我看看。但我当时确实没听说过有谁出国去教中医，真的不知道要通过什么途径才能去国外讲课，还是让他们自己和学校联系了再说。

回到瑞典，他们马上行动起来。先与中国驻瑞典大使馆联系，要求使馆帮助与有关的政府机构和学校联系。同时，他们也与瑞典政府相关机构联系，希望瑞典驻中国大使馆能与中国政府沟通，并在办理签证时给以便利。他们甚至动用了选区国会议员的力量。

1986年11月3日，距他们回瑞典三个月后，我们学院收到了他们的邀请函，书记、院长、外事处处长和系主任都表示同意，然后再层层上报中医局。1987年4月16日，我收到出国任务书。5月11日，我从卫生部领回护照。5月21日，财务处发给我900元置装费和60元礼品费。第二天，财务处又让我退回400元置装费，因为出国少于半年的只发500元置装费。为了出国的行头不太寒酸，我又问学校借了400元，领导批示将从未来几个月的工资中扣除。22日，学校通知我到卫生部办理换外汇的手续。按规定可以换80美元，换汇的钱，单位出一部分，自己出186.57元。7月初，瑞典方面通知说已订好8月25日离京的机票。

期待和准备了近一年的瑞典讲学，即将成行，心里满是说不出的兴奋和快乐。母亲曾去过日本，得知儿子要去欧洲，开玩笑地说她还没有冲出亚洲，我一步就跨越亚洲，迈到欧洲。母亲打心眼里为儿子感到骄傲。

出发前一夜，看着收拾停当的行李和妻儿，没有了准备期间的那种兴奋，随之而来的是犹豫，甚至懊悔。一个人一下子要离家那么远，那么久，很是不舍。儿子也没睡好，翻来覆去，竟从床上掉了下来。出发那天，中午在家吃了饺子。晚上，三个人找了家饭馆，要了半只烤鸭、一盘山东肉片、一盘番茄炒肉，花了16.6元，算作他们俩给我的欢送晚宴。学校后勤处特别关照，破例派车送一个普通教师去机场，我们仨和两个来送行的同事挤在一辆车上。到机场后，由于太晚了，学校司机不愿意等候，只好与妻儿匆匆告别，让他们都赶紧随司机回去。

北京首都机场常常被称为"国门第一关"，过了边防检查，理论上说已经出了国门。回头看看，没有一个认识的人，心里酸酸的。

晚上11点20分，飞机从北京起飞。

第五节　带着中医闯世界

那是我第一次坐飞机，第一次出国。

瑞典方面提供的机票是波兰航空公司从北京至波兰首都华沙的航班，中间经停伊尔库茨克与莫斯科，在华沙转乘波兰航空公司华沙至瑞典首都斯德哥尔摩的航班。瑞典方面买这么个路线的航班，一是为了省钱，二是当年也没有太多航班可供选择。

抵达后，瑞典的学员们派人到机场接我。大家见了面很高兴，热情地拥抱。然后他们开车把我送到一个学员的家里。按照他们与学校达成的协议，机票和吃住都由他们负责。为了省钱，他们安排我在有条件的学员家轮流吃住。这样的安排使我想起在淮北插队时，每当有压棉花籽、弹棉花的、补锅补碗的手艺人，或唱大鼓弹三弦的民间艺人来村，生产队长也是安排他们轮流到各家吃派饭。这回是"洋插队"，怀揣国技，在国外吃上了"百家饭"。

20 世纪七八十年代，随着国际形势的和平融洽、中国的开放，中医在世界上被广泛使用，特别是针刺止痛和青蒿素的临床应用，引起了世界的关注。这一波中医走向世界的高潮有着与以往不同的特点，中医不再是作为一种神奇的文化介绍到国外，而是作为一种医疗手段推向世界。同时，中医对外教育从留学生来华先学中文再学中医，或中医老师讲课时请翻译的形式，转化为由中医专家出国直接用英语授课。我很荣幸赶上了这一波大潮，成为最早直接用英语教授中医的中医学者之一。

在瑞典讲课

在瑞典给病人看病

第二天，我时差还没调过来就在一个小区活动室开课。每天讲四五小时的课。有的学生会带些病人来。我一边给学生讲解，一边看病治病。

第一次出国讲课引起了关注，课还没讲完，当地的报纸就发文介绍说有一个中国医生在斯德哥尔摩教授针灸。新华社记者也赶来采访，1987 年 10 月 7 日《人民日报》刊登了题为《瑞典举办中国医学学习班》的新华社记者电讯稿。

在瑞典讲完课又转到芬兰，瑞典学生也跟着转场。在赫尔辛基，我去了一家书店，店堂很大，用"很多很多"还不足以形容书的数量、种类之多。整个店的装

瑞典举办中国医学学习班

新华社斯德哥尔摩10月2日电 （记者许福瑞）从9月2日至27日，瑞典传统中医学会在斯德哥尔摩举办了为期4周的传统中国医学学习班，来自各地的30多人参加了学习。

应邀前来讲学的北京中医学院青年讲师陈恳今天对记者说，参加学习的人多数是自己开业的针灸师，"他们对传统的中医学很感兴趣，学得很认真，而且有一定深度。"

针灸目前在瑞典已逐渐被更多的人接受，参加各种针灸协会的医务人员已达500名。全国各地已建起一些针灸诊所，仅首都斯德哥尔摩就有40家左右。

《人民日报》相关报道

饰与布局体现出了知识的严肃和历史沉积，而欣赏着设计精美的书刊封面与翻书时散发出的油墨气味，又能让人深深感受到读书的轻松与乐趣。在这里我竟然发现了一本英文版的《易经》，我翻来翻去把书翻得哗哗响，浏览了几遍，咬咬牙决定买下来，89马克在当时可是一笔大额支出。这是我在国外买的第一本书。从那一次起，我慢慢养成了出国逛书店、看原版英文书的习惯。

8月的北欧，白天很长。讲完课，他们带我坐帆船出海，带我到森林采蘑菇，带我听音乐会。第一次出国，遇上中国国庆节，有心有情的北欧人，在10月1日那天，专门为我组织了国庆晚会。在端上来的蛋糕上插了九根巧克力棍，他们说，那是中医针灸说的"九针"。

他们希望我喜欢上他们的国家，希望我能留下来。他们对我第一次离开中国，来到完全陌生的欧洲竟然没有文化冲击（culture shock）而惊讶。我说没什么可"震荡"的，上海外滩的风景和斯德哥尔摩水边的建筑差不多，北京的故宫比瑞典的皇宫大多了。临走前，我还是发现了两件怪事。一是富有的北欧人几乎天天吃土豆（potato），和淮北的老乡天天吃红薯差不多，而我们在淮北吃的还是"甜土豆"（sweet potato）呢。二是，年轻漂亮的碧眼金发女郎也抽烟。在中国，老太太才抽烟。

1987年10月，我回到国内，11月，学院又收到瑞典的来函，他们邀请我再次去讲课。1987—1990年，四年里我去北欧四国和美国讲了十几次课。最长的一次是1989年在美国讲了一学期的课。

与美国学生合影

　　离开美国前，我去了一趟纽约。参观了联合国总部，看总部门前飘扬着的
159面国旗，看39层的全玻璃外墙办公楼，看联大会议厅的天顶与主席台背后的
联合国会徽，看那些秘书处大楼上下进出为拯救世界而忙碌的联合国员工，心中
满是敬仰。那个时候根本没想过，也不敢想象自己能到联合国工作，更没想到的
是，17个月后，我就和他们一样，成了联合国机构的雇员。

　　在美国讲了几个月的课，知道我的人越来越多，认识的、不认识的，找我去
讲课和管理诊所的人也越来越多。不少人想让我留在美国。

　　我要回家，1989年6月4日，我回到了北京。

第二章 走进联合国

第一节 我的 1990

1990 年，像往年一样，除了正常的院内授课出诊，就是出国讲学。那年，我还去北京外国语学院讲了一次课，拿到了 75 元讲课费。学校想让我搞行政，我装傻。从小到大，我连少先队的小队长也没当过，怕当官干不好。

1990 年的整个寒假，我在欧洲几个城市轮转讲课，2 月 14 日才回到北京。4 月又去斯德哥尔摩讲了几天课。有同事开玩笑地说："你出国比我们上王府井的次数还多。"

6 月 6 日飞丹麦，6 月 13 日回到北京。当天，中医局外事司领导就找我，问我愿不愿意去世卫组织工作。6 月 20 日，中医局外事司领导再次提到世卫组织招人的事，要我做好准备。

7 月初，我接到通知，去见卫生部外事司领导，算是国内的面试。7 月 6 日到卫生部参加笔试，同时参加笔试的还有其他四五个人，记得有一位女士是深圳一家医院的院长。书面考试要用英文写作，介绍中医和中医在国外的情况。随后几天，我填写了国内和世卫组织需要的各种表格。笔试后，我们几个分别被叫去世卫组织驻华代表处面试。当年，世卫组织驻华代表处在一栋由居民楼改装的办公楼里，比较简陋。一位负责收发、接待的中国女士问了我来意，让我在过道里坐一会儿，她要跑去通报一下。

过道里来来往往的人很多，大多数是匆匆忙忙的老外，给人一种"联合国"的感觉。过了一会儿，另一位女士把我带进一个房间，印象比较深的是屋里的桌子挺大，比我看惯的我们教研室里老师们用的办公桌大多了。办公桌后坐着一位胖胖的老外，看起来挺严肃。见我进了门，他站起来和我握手，让我坐在桌前的一张椅子上。一开始只是寒暄，问我是否来过这里，好找不好找，在什么地方学的英语。顺着这条线就问到了一些我个人的经历，也问了我对世卫组织的了解。随之很自然地延伸到了关键的两个问题：你为什么要去世卫组织工作？如果去了后能为世卫组织做些什么？来面试前，我对面试的形式与可能提的问题一无所知，稀里糊涂，可说是无备而来，有点紧张，只能是跟着感觉走，想到哪，说到哪。结束时，他把我送到门口，说了句"希望很快再见到你"。我当时不清楚那是否只是一句客套话，会对每一个来面试的人讲，还是只对我一个人讲了。

去联合国职场工作，有一套完整的应聘过程。寻找就职机会，选择合适的职位，提交求职信，填写表格，面试，一步步都要小心翼翼。对于中国人来说，面试会难些，可自控的成分小些。各个机构对面试越来越重视，求职人员的行为和性格差异在面试时更能反映出来。后来，参与人员招聘的次数多了，我也感受到了面试的重要性。除非看见真人，很难能从纸上看准一个人。面试时，要充满自信地表现自己的最佳状态，其他就留给运气。

到世卫组织驻华代表处面试后，我没有及时得到进一步的消息。适逢暑假，8月1日按原计划，我再次赴挪威、芬兰、瑞典讲课。瑞典的课安排在一片大森林里的一个小村里。8月15日得知中医局外事司司长14日曾打电话到斯德哥尔摩找我。15—18日连着四天，我天天在那个小村里给国内打电话，却一直打不通。即使在瑞典那样的发达国家，城乡之间还是有差别的。19日，终于与司长联系上了，世卫组织已同意接受我的工作申请，让我8月26日去西太平洋区域（简称"西太区"）办事处报到。但还有几天的课，学生们不仅是从瑞典各地来的，还有一些是从其他国家专程过来的，既然答应了人家，我不能撂下一走了之。于是我还是把剩下的几天课坚持讲完了，之后立马出发，两个学生开车在森林里穿行，选择捷径小路，把我快速送到斯德哥尔摩机场，回到北京已是8月24日。我回来前，部里已通知西太区，因有很多手续尚未办好，需要推迟几天，对方虽然同意了，不过仍然要求我尽早过去。

休整了一天后，26日我去中医局见司长，27日去世卫组织驻华代表处见西太区的二把手和驻华代表，28日到卫生部见国际处的两位处长，29日下午再去见驻华代表，他关照了三件事：（1）刚去，会遇到很多不懂的事，要多问；（2）有人会盯着你的，要小心；（3）不要总和中国人扎堆在一起，要多与各国的人交流。

随后几天，体检，打预防针，见各级领导。领导们提到在联合国机构中，中国籍雇员人数太少，希望我能在世卫组织"站住脚，待下去"。领导们也希望世卫组织能对中国卫生健康事业提供更多的支持。有关领导也说明去了以后的待遇和工资收入分配。

9月4日，世卫组织和卫生部分别通知我，各种手续已办妥，去世卫组织西太区工作两个月。我的正式职务是世卫组织临时顾问（short term consultant），负责传统医学。

从6月13日问我去不去世界卫生组织工作，到9月6日离京上任，只花了86天，办事效率极高。

坐飞机，我愿意选靠窗的座位，白天可以看窗外的景，晚上可以把头靠在窗上打瞌睡。那天飞机起飞后，虽然靠着窗却没有心情看景，充满了对家人的想念、对未来的迷茫。像过电影胶片一般，过去的日子在脑海里一张张闪现。

学中医对我来说其实是个意外。1973年有"文革"期间唯一的一次考试上大学的机会，我们公社推荐了五个人参加考试，三个贫下中农子弟，两个下乡知青，我是其中之一。获知被推荐参加高考后，我立即从离开上海时带的小书柜里找出了那几本没能用上的高考数理化复习参考书，抓紧时间翻一翻，去县城赶考时也揣上了那几本参考书。到公社安顿好铺位后，我就拿出书来，临时抱佛脚，看几页，做几道题。在那个"书荒"的年代，那几本参考资料一下就火起来了，在考生间传阅。

录取过程中，考试成绩起了作用，我们两个上海高中生榜上有名。公社知青领导小组组长悄悄地告诉我，我已被蚌埠医学院录取，录取通知书过几天就到。这可真是个天大的喜事。原本在1967年高中毕业就应该上大学的我已经被历史推迟了六年。现在终于又能上大学了，我感觉未来在向我招手，希望就在前头，兴奋之情无以言表。

可是拿到手的录取通知书却让我到安徽医学院中医系报到，原来是有其他考生通过关系改动了学校名单。

虽然被调了包，但对我来说，能上大学就是天大的喜事。一切命运都是偶然，如果没有大学专业的改动，后面的很多事就不会发生，后面的故事会是另一个版本。

但是人生没有如果，偶然中也有必然的因素。世卫组织需要找个人来负责传统医学，中国政府希望有个中国人去干这份工作，双方都认为一个学中医又会点英语的人去比较合适。当时中医比较冷门，学中医会英语的人更少，冷门遇上稀缺，无心插柳柳成荫，我学了中医，会点英语，无意中创建了与联合国的链接，形成了"非我莫属"的场景。就这样，我这个"圈外人"就被推进了联合国职场。

飞机着陆那一刹那有点猛，撞及地面的冲击力把我从回忆中颠了回来，马尼拉到了。

机舱门一打开，一股从未感受过的热带热窜了进来。西太区派车来接，司机交给我两封信。一份是由总务司长签名的信，信中说：他代表区域主任欢迎我来到世卫组织西太区办事处，转交这封信的人会交给我200菲律宾比索，希望工作愉快，期望尽快见面。随信附有区域主任签发的关于在9月10日至9月14日举行第41届世卫组织区域委员会会议期间的工作时间调整，并强调在那几天，即使在规定的工作时间以外，所有工作人员也应该随时回应各国政府代表的要求。

另一封信来自临时代管传统医学项目的同事。他的信谈到住宿的安排，再次提到下一周工作时间的调整。刚到一个新地方就收到两封欢迎信，心里无比温暖：这是个办事认真、有规有矩的地方。

9月7日，星期五，早上6点30分，我已站在世卫组织西太区办公楼前。

围墙外就能看到里边绿色的草坪和高挺的旗杆上飘扬着的会员国国旗，中华人民共和国的五星红旗尤其耀眼鲜艳。我把世卫组织的录用函交给门口的警卫，警卫看了看，说了句"Good morning, Doctor"，即让我进了大门。

在西太区办公楼前

这一步，我跨进的是令人仰视的联合国机构。从这一步开始，我为国际健康卫生事业奉献了 20 年，充满艰辛但也享受了满满的成就感的 20 年。

第二节　联合国职场有点冷

9 月还是马尼拉的雨季，但那天天气晴朗。第一天上班，虽然是一个完全陌生的地方，但联合国的光环带来的好心情和天气一样清亮。

从大门到办公楼是条不太长的长廊，长廊左侧是一片草地，右侧是一个圆形的建筑。我的办公室在三楼靠楼梯右边的第一间屋，是个里外间，外间正对门放着一张桌子，桌上有一个电动打字机、一部电话和两个比 A4 纸稍大一点的铁盒子，靠墙处是两个文件柜。通过一个推拉门进入里间，空间稍微大些：一张桌子、一把旋转椅，旋转椅后面是窗户。桌子前面还有两把椅子，应该是为来访者准备的。桌面中间有一块绿色的垫板，靠右手处也放着两个铁盒子。靠墙处还有一张桌子，竖着几个文件盒，插了些纸张和文件。桌上也有一台电动打字机。

小时候我玩过的一台老式英文打字机，是父母从地摊上淘来的美军遗留物。研究生毕业后，我给自己买了一台打字机，练习盲打。看到西太区办公室里有台

在办公室

电动打字机，很开心。在学校里，习惯了几个老师挤在一个办公室面对面排排坐的我，有了一个自己的办公室还真有点激动。

匆匆看完"地形"，刚在椅子上坐下，进来了一位女士，笑着用带有疑问的语调喊"Dr. Chen?"，随后介绍自己是传统医学项目的秘书，表示非常期盼我的到来，并给我介绍办公室的各项设备。聪明的她看出我已对办公室有了些了解，随即改变话题，拿出一张纸，介绍第一天的日程安排。每天给上司介绍当日的日程是秘书的基本工作。

像其他比较正规的机构一样，新职工上班都要见很多人。见上司，理解上司对你的期望；见其他技术官员，了解他们的工作；见行政官员，他们会介绍项目设计、执行与经费的管理；见人事，他们会交代有关你的待遇与权利；见总务，他们会问你工资发到哪个银行，要不要在马尼拉的某个银行开个账户等。我第一天的日程安排是：上午 8 点去见顶头上司医疗服务体系发展司司长，然后参加司里的周会，散会后与负责药政的官员见面；下午参加每月一次的全体职工月会。

下午的月会比较特别，是一年中最重要的月会。因为下周一，由各会员国卫生部部长或其他政府高级官员参加的区域委员会会议要开幕。这个月会是区域委员会会议召开前的最后一次准备会议，会上要过一遍区域委员会的所有议程，演练应对会员国可能提出的问题和一些突发情况。按惯例，每次月会，由区域主任介绍人员的变动，介绍新来的人和调动工作的人。介绍我时，区域主任四处看看问："陈恳医生，在哪儿？"我抬了下身子，举起手。区域主任说了两句话。第一句："陈恳医生，来自中国，负责传统医学。"这句话是讲给大家听的，算是把我介绍给大家了。第二句："好好干，不然让你回家。"那句话虽然是当着大家的面讲的，但却是专门说给我听的。

接下来的一周，区域委员会会议开幕，整个区域办公室只干这一件事。西太区催我早点去就是为了赶上这个会。稀里糊涂听了一个星期的发言、讨论和各种决议的通过，稀里糊涂地随着别人鼓掌。会议结束，消停下来，我该干我的事了。

区域委员会会议期间，巴布亚新几内亚代表向区域主任要一本《中国草药》；10 月，日本邀请区域主任去参加东洋医学大会，要给主任准备发言稿；越南要钱资助出国考察。这些都是我要干的事。一个没当过官，没留过学，没有与世卫组织打过交道的"三无"人员，突然进入联合国职场，就像在黑夜里掉入茫茫大海，很快就感觉到了联合国职场的冷酷。

冷酷来自无知。从世卫组织的角度来考虑，接受你入职，因为你是合格的。合格的你就应该能自己干起来。但是，对很多新人来说，具有专业知识，并不一定知道干什么，怎么干。特别像我这样的圈外人，根本没有与世卫组织接触过，对它的工作内容与方式，一点也不知道。秘书告诉我，寄一本书，要不了多少钱，但那"要不了多少钱"是多少？从哪儿来？区域主任的发言稿怎么写？主任想讲什么？以什么口气讲？越南要的额外经费，上哪儿去找？

冷酷也来自无助。虽然办公室安排我见了很多老职工，听他们介绍情况。认真的人会介绍一下他们在干些什么，表示一下以后有机会可以合作的愿望。糊弄的人就是点点头，认识一下。我的前任应该是对我接手的工作知道最多的人，但在我上任前，他已离开了，我们没有面对面交接的机会。刚来，一个朋友也没有，大家都很忙，哪有时间帮你教你。秘书应该知道不少。菲律宾秘书可以说是世卫组织中最好的秘书，英语好，乐观、顺从、忠诚。一般通过磨合，秘书与上司之间会建立起默契与愉快的合作关系。专业官员会调动升迁，或离职，但秘书调动工作岗位的机会比较少，常常会在同一个岗位上干好多年。但有的秘书会欺生，原来的上司走了，他们会把新上司看作"外来人"，甚至"篡位者"。

我的第一个秘书，来自一个富有的家庭，菲律宾大学硕士生，英语好，很能干，在我前任的手下干了五年。对一个中国来的只有两个月合同、有很多不确定因素的临时工新上司，她很有经验地确定了自己的处理方式，表现出了必要的热情，摆出尽心尽力干好本职工作的架势，但不主动出手，算是给新上司一个"试用期"。这就形成了一种特殊的工作场景：每当我写好了文件或信函，需要她打印出来时，我应该只需把准备好的东西放在我办公桌上的那个两层的小铁架上，她主动从我的桌上取走分别处理，可刚去的那段时间，我要把需要打印或发送的文件信函送到她的桌上，好像她是领导。

职场的残酷更来自偏见和歧视。政治制度的不同、经济发展的程度不同、文化语言的差异都会成为某些人傲慢和歧视的原因。对我就更是歧视了，他们歧视我的中医背景，歧视我没当过官。第一次去见一个负责麻风病、结核病的官员，他说："我不相信你们那些传统医学，你也不会相信我们的医学。你们用草药，我们用抗生素，没什么好谈的。"有人来自官场，自以为高人一等，对一个未从过政的大学老师、一个中医师来世卫组织，耿耿于怀，"锲而不舍"地到处讲我坏话，贬低我。一位银行家说过："如果你来自未得到充分代表的群体，那么需要做对的事呈指数级增长。"

第三节　联合国中医第一人

入职没几天，一位日本同事严肃地对我说："你是联合国机构所有雇员中唯一学中医出身的，你是联合国中医第一人。"他那么严肃的表情，我看不出是在赞许还是在讽刺，也许我真是联合国机构里第一个学中医出身的官员。

我是带着满满的信心来的，完全没有想到竟如此困难。那时候我不是没想过放弃，回去继续干老本行，国内干干，国外跑跑，也挺好。但国内外讲课看病已是轻车熟路，没多大的挑战性。而这里，职场的冷酷并不是专门冲我来的，几个日本人也表示有过类似的感觉。再说国家交给我的任务没有完成，自己又怎么好意思回去。

联合国职场是一个极速转动的巨大机器，它不会为了后来者而改变它的速度和轨迹。对大多数人来说，进入联合国职场，第一件重要的事是给自己重新定位。重新定位就是要忘记过去，降低期望值，接受非自己预期的对待。对我来说，到了这里，我已经不是个受学生欢迎的老师、受病人尊重的医生、被学校看重的员工了。能不能尽快地给自己准确定位，决定了你适应期的长短。

进入一个陌生的职场，学习是第二个要素。阅读是我最常用的自学手段。通过阅读来学习，要有量的积累，世卫组织很重视资料的保管，办公室铁柜里的出差报告、会议记录、来往信函都是教材。通过阅读来学习，要有自我处理文字知识的能力，能从大量的阅读材料中找出要点，还要把要点用自己的思维模式排列组合，重新编辑。抓住要点有利于记忆，而重新编辑是使书本上的知识真正变成自己的。只有变成自己的，才能在需要时从大脑的"信息库"里及时调出来。

世卫组织西太区总部有一套《职工手册》，装满了三本厚厚的绿皮活页夹，我称它们为"绿皮书"。奥斯卡最佳影片《绿皮书》里的绿皮书告诉黑人不能干什么，而西太区的绿皮书告诉我能干什么、怎么干。那简直是"百宝书"，包括了几乎所有与工作有关的规则、方式、文件的格式等等。因为是活页夹，随时可以去掉已经废除或修改了的规矩与要求，添加新的规定。在这套绿皮书里，我最喜欢的是那篇叫"Complete Staff Work"的文件，也许可以翻译为"圆满的员工工作"。

一个组织的效率与它的职工工作效率成正比。"Complete Staff Work"要求职工在工作中遇到问题时，不是把问题推给上司，不要频繁地请示，被动地坐等上司指示，拨一拨才动一动。合格的职员面对困难时应该能够考虑到与问题有关的所有方面，通过自己的研究、分析和思考，形成思路清晰、前因后果逻辑顺序合理、行动方向和方式明确的方案，并以一种一目了然、容易理解的完整形式呈现给上司。上司需要做的只是基于你的提议来决定批准还是不批准。

"Complete Staff Work"的另一个含义是你做的事、干的活是否获得了回应，造成了影响，带来了成果。仅仅采取了行动，却未带来有价值的结果，说明你的行动是无效的，或是没有意义的、没有完成的。"Complete Staff Work"的工作方式意味着思维习惯和行为方式的改变。

经过一段时间的迷惘、失落，甚至在放弃与坚持之间的挣扎，我有点想清楚了：既然来了，就得干点事。初来乍到，不要好高骛远，先干容易的、有意义的小事。淮北插队教会了我要干好每一件事，不管是大事还是小事。

编写出版《越南的草药》是我的前任启动的，但一直拖到他走也没有完成，成了"烂尾工程"。我要去越南跑一趟，把编写这本书的事搞定，同时也了解一下传统医学在越南的情况，再顺路去老挝看看。

那是我第一次作为世卫组织官员单独出访一个会员国。在越南的活动日程排得满满的，我跑了河内和胡志明市两地所有与传统医学有关的院所。他们知道我是中国人，我想，前些年的中越边境摩擦，可能难免会影响到当地一些人的想法。一开始和他们接触，言谈间能感觉到他们的戒备和谨慎，总觉得有点生分。越南也是个传统医学大国，为了推动整个地区传统医学的工作，一定要和越南建立起良好的关系，因此我很重视自己的一言一行，希望用自己的真诚和智慧获得他们的信任。

在河内医学院传统医学系参观时，系主位让我给学生讲几句。我简明扼要地讲了为什么世卫组织支持使用传统医学，世卫组织在传统医学领域都做了哪些工作。随后，根据多年讲课的经验，我要设法拉近与听众的关系，把现场的老师和

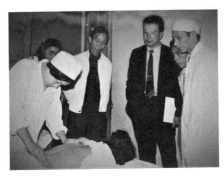

在越南（右三）

与越南学生一起（左一）

学生的情绪带动起来。我提到我和同学们一样，是学习传统医学的；我也当过老师，与在场的老师们一样，教传统医学。

讲完后，我留了点时间与学生们互动，出乎意料的是有一个学生站起来问我为什么离开教师岗位，到世卫组织工作。这个问题实际上也是我经常问自己的问题。我于是把自己的真实想法说出来和学生们交流。我说首先这个工作需要有人干，而由一个懂传统医学的人来干，对传统医学的帮助会更大。其次，到世卫组织工作，能让我从一个更高的位置、更广阔的角度，为传统医学的进步和发展做些有用的事。最后，我再次试图拉近与学生们的关系，我笑着说："改变我的职业也是为了有机会来越南，有机会与你们聊聊。"老师和学生听得很高兴，教室里响起了掌声，笑开了花。从教室出来，系主任拉着我说："看到你来，学生们很高兴，你和他们的交流增加了他们对学习传统医学的兴趣与信心。"民族医药局局长一再说："越南的传统医学受到中医的影响，希望多多加强与中国的联系。"短短的一次交流，他们接受了我。沟通是联合国工作人员的基本能力。沟通是技巧，也是门艺术。技巧可以学，艺术靠悟性。

完成《越南的草药》的编写和出版是此次出访的重头戏。我帮他们一笔一笔地算，哪些活已经干了，钱也已经花了，还剩多少钱，用来干什么。什么钱我可以帮忙去找，哪些他们的额外要求按规定不能支付。

出访越南的最后一项日程是见卫生部部长。那次见部长，更像一次交流与沟通，而不是例行的世卫组织官员访问总结会。越南的传统医学源于中国，是中医在越南的本土化。越南的很多做法与中国很相似，只是条件差点，水平低点。我向他们介绍中国的情况和成就，推介"中国模式"，建议他们多与中国联系、合作，多参与世卫组织的活动。

完成了越南的任务，接着我去了老挝。与河内不一样，万象的街上很安静，披着橘黄色服装的僧人排着队捧着银罐，慢慢地挪步，化缘。一个没有出海口、相对封闭的内陆国家给人带来的第一感觉不是落后，而是安静，一种慢节奏带来的祥和与无欲。

在万象的活动结束后，政府安排我和一位副部长一同去沙拉湾省，看看基层医疗服务。沙拉湾机场的跑道坑坑洼洼，还有很多牛粪，降落时飞机磕磕绊绊的。省里把部长和我都安排在省招待所住。所谓招待所只是在一大片林子里的几间木板房。下午活动后，我一个人在招待所大院里转转。很快，招待所所长跑来找我，让我只在住的木板房周围走走，不要走远了，招待所的林子里和周边还埋有地雷。

等着充电的飞机　　　　　　　　　　　老挝的招待所

为了怕出事，以后几天，每次外出，所长都派人设置标志为我们指路。联合国日内瓦总部门口有一张世界上最大的椅子，一张断了一条腿的椅子，纪念那些受到地雷伤害的人们。

刚到沙拉湾那天中午，省里安排我们在街上一家小铺吃午饭。那天，每人有一碗汤，汤有点酸，汤上漂着些白白的小东西，以为是土路上扬起的脏东西落在汤里了。碍于主人在场，我没好意思声张，只是轻轻地用勺子把那些小白东西往碗边撇，撇着撇着，从碗底翻起的小白东西越来越多。正不知怎么办时，主人还是注意到了，赶紧解释说那些白色的小东西是蚂蚁蛋。蚂蚁蛋是当地很珍贵的高档美食，来源稀缺，只有在森林里腐烂潮湿的大枯树桩里找到大红蚂蚁的窝，才能掏出蚂蚁和蚂蚁蛋。蚂蚁蛋不易保存，需要现掏现吃。那天一早，小饭店的主人就得进入森林，挖枯树桩，寻找树桩里的蚂蚁蛋。入乡随俗，也为了尊重主人的盛情，虽然有些腻，我还是把蚂蚁蛋汤喝了。喝到碗底，还能看到沉在碗底的大蚂蚁。在当地，蚂蚁、蟋蟀、蚂蚱等都是获取蛋白质的来源。人类在不同的生存环境下，形成了不同的维持生命与繁衍的方式，包括传统医学。

老挝的传统医学多是一些本地的民间疗法，主要由老年人提供，为周边的村民服务。传统疗法知识主要靠口口相传，没有系统的理论。传统疗法的地域差异很大，一些巫术的手段常与传统药混杂着使用。大的寺庙也提供自制的传统药救治病人。在一个庙里，僧人给我看了一本烙在树皮上的老药书。

沙拉湾省人口 23 万，只有 20 个医生。由于医疗资源稀缺，在边远地区，传统疗法仍然广泛使用。鉴于这些，我提出：（1）重视民间疗法的收集和整理；（2）在医学院课程中增加有关传统医学的内容；（3）政府重申对传统医学的支持；（4）制定传统医学政策。

那次越南、老挝之行对我很有用。为会员国提供援助是联合国机构的主要任务之一，到联合国工作，就要和会员国建立良好的关系，干点对会员国有用的事。那次出差，区域主任也挺满意。他把我叫去，一进门就说："听你们司长说了，这次去越南、老挝办得不错。"

第四节　好事多磨

1990 年，我是以"临时顾问"的身份进入世卫组织的，每个合同只有两三个月。按照世卫组织的规定，打临工只能干 11 个月，如果在 11 个月的期限内没有转成正式职工，就要回家。如果双方有意愿，1 个月后还可以再来，继续当临时工，也可能成为正式职工。在我前后来的三个日本人和一个韩国人都在满 11 个月前就转正了。我还悬在那儿，心里虽然不踏实，但也没有别的办法，自己所能做的就是好好干活。

因为只是一个大学的普通老师，每一次延长合同都要从教研室开始，通过系、学院各处、室，院领导，再到局、部，层层报批，有一套烦琐的程序。每次都战战兢兢，如履薄冰。

经过几个月的努力，区域主任对我的表现满意。在第三个短期合同期满前，他开始过问我转正的事，世卫组织西太区向卫生部表示愿意聘用我为正式的国际工作人员。

然而，好事多磨。1991年3月8日，在例行周会上，司长提到我的转正出现了新情况，因为另有中国人申请传统医学官员的职位，我能否转正还说不准，也许会有变数。

3月18日至24日，我以世卫组织官员身份到北京出差，见到了卫生部的领导。谈完公事后，外事司司长提到了西太区区域主任对我这几个月的工作表现满意，希望我能留下来，成为世卫组织的正式工作人员。司长表示卫生部对我这几个月的工作也很满意，希望我能把这个职位拿下。他也提到了有人想替换我，不过让我不用担心，转正的手续正在运作中。他一再强调派谁去的决定权在卫生部，别人说了不算，只有卫生部才能做最后的决定。

5月8日，我的第四个短期合同开始进入倒计时阶段。区域主任叫我到他的办公室，谈完工作后，他问我："你自己觉得你干得怎么样？"我不知道怎么回答，愣了一下。他笑着说："你要说自己干得好，这样才能留下。"区域主任告诉我，他过一段时间要去中国，他会了解一下情况，让我等他回来后的消息。

5月29日，区域主任出访中国回来，在楼道上高兴地告诉我：转正没问题了。

7月初，区域主任又把我叫到他的办公室，他已收到卫生部外事司司长签发的关于同意我转正的公函。不过，办理转正，还有很多手续，在11个月的期限前，完成不了双方的各种手续了。这就意味着我必须回国，在回国期间办完所有手续后再回来。

我很高兴能回家了。区域主任却指示人事部门不管用什么方式，甚至采取特殊安排，在合同休止期间把我留在马尼拉，不要回国。他具体提到了是否可以给我一个履行工作协议（Agreement for Performance of Work，APW）或合同服务协议（Contract Service Agreement，CSA）把我留下。这两种协议类似于外包合同，拥有这类协议的人不能算作世卫组织工作人员，也不是临时工。这类协议只是把项目交给个人或单位来做。拥有这类合同的人，原则上不让在世卫组织的办公室里工作，要自己另找个地方，家里、图书馆或咖啡馆等地方，只要按时完成项目任务即可。区域主任连这点也想到了，他怕我回去后就回不来了。他指示人事处，能不能到办公室工作，以后再说，先把人留下来。人事官是个德国人，办事严谨，一再强调，不管哪一类合同给我，都不符合规定。区域主任认为总有可以通融的途径，让他想办法。

7月12日，人事官给我送来一个合同服务协议，覆盖8月6日到9月6日的一个月，让我签字。实际上，人事官并不想让我签，只是迫于区域主任的高压。我也实在想回家待几天，这件事就这么拖着了。

1991年8月6日，我稀里糊涂地离开马尼拉，高高兴兴地回家了。

第三章　国际公务员

第一节　别惹恼了你的"老板"

　　1991 年 8 月 23 日，我到世卫组织驻中国代表处，见总干事中岛宏。他说："你要到马尼拉工作了，欢迎。"驻华代表悄悄地对我说了句"别惹恼了'老板'"。当时，我不明白他为什么会说这么一句话，也没放在心上。9 月 13 日我离开北京，以联合国官员的身份，满怀信心地回到马尼拉。按规定，新官员上任都要尽早与区域主任见面。我回来后，几次请求见区域主任，都被告知主任没空。过了几周在楼道里遇见他，他说了句"还以为你回不来了呢"，就走了。转正后第一个月的例会，主任按惯例介绍职工的变动。轮到我时，他只说了句："又来了，干不好的话，回家！"我明显感觉到转正前与转正后区域主任对我的态度发生了巨大变化。

　　1991 年 11 月 14 日，为了表示感谢，我请区域主任和所有司长吃饭。席间，区域主任说："谢谢你请我们吃饭。好好享受这两年的生活吧，两年后不给你延长合同了。你那个活为什么一定要中国人来干，我可以找日本人或韩国人来干。"也许是马尼亚大酒店美味的日本料理起了点作用，散席时，他用稍微缓和的语气，再刺激了我一下说："再一次欢迎你回来。不过两年后可能给你延长，我说只是'可能'，我是严肃的。"司长曾多次转告我区域主任对我很不满意。

　　"传统医学"在世卫组织本来就是个"贫困户"，经费很少。在一次月会上，我提到按计划要干的几项工作没经费。区域主任一听就火了，嚷嚷着："谁跟你说的没经费？"散会后，他还是气不顺，把我喊住了，大声说："你为什么要提没经费的事，是有意让大家知道不给你吗？"1993 年，元旦后上班的第一天，全体人员在区域办公室会议厅集合，互致新年问候。区域主任冲着我走过来说："今年你得干点事，不然请你回家。"

事态继续扩大，国内知道区域主任对我有意见，日内瓦总部也有人提醒我区域主任对我不满意，要多加注意。我却始终丈二和尚摸不着头脑，不知到底怎么惹着他的。我被盯得越来越紧，虽然我兢兢业业，但他还是处处找茬为难我。1993年3月，区域主任从日内瓦回来。第一天上班就急匆匆把我叫去。一进门，劈头盖脸地把我训了一顿："找你来，是要你把西太区的传统医学项目搞起来，搞好搞大，不然要你来干吗？干不来就回家去，想上总部去干的话赶紧走，我再找人。"我当时一脸蒙，无言以对。原来他在日内瓦那几天，总部有人找他，希望西太区传统医学项目干的一些事让总部来做。他最忌讳总部干预西太区的事。这下把我夹在中间了，既要服从区域主任的旨意，又要让总部满意。

慢慢地，我终于知道我是怎么得罪区域主任的了。他很在乎别人是否尊重他，还愿意看到别人感激他。官员离职或调任都要去与他见个面，表示感谢与告别。

1991年8月5日是我在世卫组织当临时工的最后一天。前一天，我的秘书已经要求区域主任办公室为我安排与区域主任的见面。西太区马尼拉地区办公室的下班时间是下午三点半，最后一天，要把手上的事干利落了，忙忙碌碌。还要随时准备接到区域主任办公室的电话，被主任召见。时间已经过了三点半，仍无消息，不过正好多给我一点时间把该干的事干完。三点半，我的秘书也没有走，等区域主任办公室的电话。五点半，秘书告诉我区域主任办公室来电话，区域主任很忙，没时间见我了。类似这种事以前发生过，与区域主任办公室约好了见面，临时被告知主任没空，就不见了，因此我也没放在心上。

秘书说完后马上就走了，我又待了一会儿，把属于自己的东西放在一起，该拿走的拿走，可以留下的就放在文件柜最底下一层。六点多一点，我离开办公室回旅馆，第二天一早要退房，得把所有的东西都整理好装箱带走。问题就出在这里。那天，区域主任也很忙，过了六点半他才让秘书给我办公室打电话，让我去见他，可我已经离开办公室了。他的秘书还打电话问了大门口的警卫，警卫报告看到我离开办公室了。他马上就发火了，差点让人把我从旅馆里叫回来。

直至1996年、1997年，他还是不肯放过我，把科研、输血、临床技术的工作都压在我身上。

遇到一个处处为难你的上司，一般有三个选项：辞职、磨洋工混日子和坚持。我选择了最后一种做法：坚持下去，干出点名堂。

第二节 联合国职场很酷

"cool"在英语中有冷的意思，现代流行语的"酷"也来自这个词。我觉得用"cool"来形容联合国职场的氛围挺合适。联合国的工作环境乍看是有点冷，当你基于自己的职责真正走进她、了解了她的时候，你就会感受到她给予你的充分自由、信任、宽容和机会。联合国前秘书长科菲·安南就曾说："我们需要创造一个能让每个人都发挥其最大潜能的文化氛围和工作环境。"

联合国职场的氛围由不同文化背景、风俗习性、思维习惯、行为方式的工作人员形成。虽然差异很大，但大家聚集在一起，必须协同作战，实现共同的目标。

联合国职场的自由空间，也来自精简高效的组织结构。联合国机构层次少，带"长"字的"D"级官员少，副职少，决策和行动链的环节少。联合国机构常常采用协调员制度，协调员不是长官，少了长官意识，既能各司其职，又能协调合作。

工作的自由空间还基于上司的明智和胆识。一个好领导，三个标志：指示明确，给部下提供机会，事情面前敢于担当。

联合国职场，为每个合格的工作者提供了自由思考、放飞想象、充分表述、采取行动、享受成就感的机会。享受自由职场的人就会利用自由的职场，努力把每件事干到极致，干到完美。"Complete Staff Work"教你怎么在很酷的职场，做个很酷的职员。

世卫组织设置传统医学项目的目的是把传统医学带入医疗服务体系中，为人人享受健康做贡献。在世卫组织负责传统医学项目，我想干些对传统医药发展具有战略意义的事。

1992年3月，我申请召开一个有关草药安全性有效性研究的专家会议。但在司长们的晨会上，该申请没有获得批准。当天，区域主任把我叫到他的办公室，他觉得在做出最后决定前，应该给我申辩的机会。

区域主任有丰富的经验，对世卫组织了解透彻，有关世卫组织的事，在他面前一定要说真话，不然就是跟自己过不去。他极其聪明，想在他面前蒙混过关，绝不可能。与他对话，他会一直看着你，但不只盯着你的眼睛，而是全方位观察，通过你的表情、你的小动作来判断你的自信心。他会很认真听你讲，时不时打断你，问些问题。他的问题往往很尖锐，切中要害。比如，传统医学的有效性能不能被证实？有没有必要证实？被证实有效的传统医药还是不是传统医药？他的那一串问题，至今国内有些人士还在纠结。听了我的解释后，他说，好吧，立马在我提交的申请报告上签字同意。在我走出他的办公室前，他再叮咛了一句："好好干，不要搞成教科书样。"我回答"Yes, Sir!"他笑了笑。

通过几次专家会议，我们制定了《草药安全性有效性评估指南》。然后，一鼓作气，我又组织制定了《针灸临床研究指南》。以这两个指南为基础，我们举办了培训班，提升传统医学的科研能力。

草药研究研讨会

针灸临床研究方法研讨会

1993 年，我提出要搞针灸穴位定位标准。区域主任也给了我申辩的机会。他问了两个问题：针刺穴位的偏差会不会影响治疗效果？中、日、韩之间能不能达成一致？这件事后来也搞成了。这就是他厉害的地方。那时正是他不时为难我，不惜在大庭广众下羞辱我的时候，但他仍然让我借助于联合国职场的自由空间，施展手脚，干点实事。

1995 年，我开始推动监测草药重金属含量和农药残留量，以及传统药物引起的不良反应。老话说"是药三分毒"，但涉及传统草药不安全的问题，就变得很敏感，常常会引起一些过度反应。有人在会见区域主任时，提出了对监测传统药不良反应的担心与异议。作为一个有经验的公共卫生专家和卫生外交官员，区域主

几本草药和针灸研究与使用的指南

任并没有当场回应会员国的责问。他给自己留出时间来了解我提出做这件事的理由。他把我找去，提了几个问题。在他手下工作了几年，我觉得他提问的目的不仅仅是给部下提供一次解释的机会，还是给部下一次再思考的机会。

我们那次谈话后，他从他所能接触到的层面帮助我做工作，争取会员国的理解与支持，其他具体的事由我来进一步完善。我利用不同的场合提出传统药物可能产生不良反应，把问题摆上桌面，使之成为公开的议题。虽然阻力重重，1997年2月和12月，我们还是先后召开了两次有关传统药物不良反应监测的会议，让一些国家相关政府机构和学术界的关键人士参与进来，让他们成为这一努力的一部分。

在大多数国家和地区，传统医学在体制外活动。把传统医学纳入政府认可的医疗服务体系中，是传统医学生存与发展的关键。把传统医学纳入医疗服务体制内，需要政策和法律的保障。我们支持中国香港特区政府，以及新加坡政府制定中医法、中医师注册法规。我们帮助蒙古、菲律宾、柬埔寨、老挝制定国家传统医学的政策。

考虑到太平洋岛国的实际情况，我们在萨摩亚首都阿皮亚组织了太平洋岛国传统医学高官会议，发布了《阿皮亚行动纲领》，提供为岛国"量身定做"的行动方案。

2001年，我启动了世卫组织西太区国家间建立草药使用与安全的合作机制工作。2001年11月27日至30日，西太区在韩国组织了草药标准和监管协调框架专家工作会议。在开幕式上我提到组建一个传统药监管合作机制的必要性与可能性。会议同意了我的建议，指定中国、韩国和日本三国组成一个临时工作小组和西太区一起筹办此事。

在新加坡（右二）

在蒙古（右二）

参加草药不良反应监测讲习班（左二）

太平洋岛国传统医学高官会议合影

2002 年 3 月，我们再接再厉在北京又召开了一次会议，为策划中的草药协调论坛制定一个"基本文件"定下了相关事项。

与大多数我组织的专家会议一样，会前我会根据会议的目的和期望，自己先起草一个文本，在会上发给与会者，让他们评论，改动修补，也可以推倒重来。这个方式可以基本保证会议能弄出个有价值的产出物。

这次会议的难度大大出乎我的预料。药品监管是国家主权的一部分。药品监管当局负责药物审批药物生产与进入市场的许可，药物的标准、安全与使用。这些事不仅与病人的安全有关，也关乎巨大的经济利益。与会者关注的是这个计划中的合作机制是紧密的还是松散的，合作机制的合作范围和工作模式、各会员国在合作中的地位和关系，决定是怎么出来的（也就是谁说了算）。所有这些事项的敏感性使会议主席失去了对会议的控制，众多的发言者东一句西一句，想法各异，建议也很多，会议书记员根本跟不上节奏，会议实际上已经失控。

我只好亲自上场。我让会务人员把桌椅挪成半圆形，与会者围着坐。中间放张桌子，桌上放电脑，电脑前放投影仪，每个人都可以看见屏幕。我把讨论稿打

草药合作韩国会议合影

在草药合作北京会议上与
陈冯富珍合影

在屏幕上，一个人既当"会议主席"，控制会场的气氛与节奏，又当"书记员"，根据与会者的发言、争论，谨慎地选词，逐句逐段修改。每一个改动都显示在大屏幕上，反复征求意见，在最大程度上征得满意。每天散会后，我抓紧时间把当天会议的纪要整理出来，让秘书抓紧复印出来，我俩再分头塞进每个与会者旅馆房间的门缝里，保证每个与会者能在第二天的会议前看到前一天的会议纪要。若有任何建议或修改意见，可以及时提出。

会议最终形成的"基本文件"，确定草药协调论坛是分享信息的平台，会员国之间是完全平等的伙伴关系，出席论坛的代表可以包括会员国药政当局、相关研究单位与有兴趣的制药协会。论坛的组织机构包括两年一次的论坛大会、常务委员会、小组委员会与各委员会的专家小组。"基本文件"保证了论坛能长期、有效、有成果地合作。

2002年5月，草药命名与术语小组委员会在东京召开第一次会议，其他小组委员会也先后召开会议，这个论坛正式运转。

2003年我调任驻太平洋岛国代表后，淡出了传统医学舞台。退休回国后，偶然从网上看到草药协调论坛仍然活跃的消息。作为这个论坛的发起者和"助产士"，我很高兴多年前干了件现在仍然有用的事。

我在世卫组织工作的20年，正处于个人职业生涯中最重要的年龄段。我感恩于生活，感恩于世卫，给了我自由翱翔与搏击的机会，虽然时不时遇上狂风暴雨，但我仍是如此享受这20年的工作。

第三节 外行领导内行

20 世纪末，世卫组织面临资金困难。为了保证能满足会员国对经费的需求，西太区采取了一系列措施削减办公室的开销，包括削减工作人员。

1996 年和 1998 年，西太区办公室负责医学科研和负责输血安全、临床实验室技术的两位同事先后退休，区域主任决定冻结那两个岗位，先后把他们俩的工作都分派给了我。这两个都是 P5 级资深官员的职位，我一个学中医的 P4 级官员，除了完成自己的分内工作，还要承担起另外两个 P5 级官员的工作，加起来，我应该是"P14"级了，可惜联合国系统并没有"P14"这么高的级别。

医学科研的任务是资助一些科研项目、组织培训班、负责西太区科研顾问委员会和西太区的世卫组织合作中心的工作。我还参加了总部起草两个有关医学伦理的指南的工作。临床实验室的主要任务是培训。

对于输血安全，我纯粹是个外行，只在上学时听老师简单地提到过，在实践中根本没接触过。人类很早就知道血液对生命的重要性，知道血液流失到一定程度会造成死亡。古代就有人尝试用输血挽救生命，但因为没有可靠的科学技术支持，结果是血淋淋的。直到 19 世纪，人类才对血液有了更清楚的了解，输血才成为有效的医疗手段，挽救了无数个生命。

在输血实践中，人们慢慢也注意到了输血可以传染疾病。供血者血中携带的寄生虫、病毒和细菌可以传染给受血者。1991 年 10 月 22 日，法国《世界报》报道了一千多名接受输血治疗的血友病患者感染上艾滋病病毒的事故。这次医疗事故引发了一场政治风波。随后，很多发达国家重组、改革了他们的输血机构，输血安全也成为世卫组织的重点项目。

让一个外行负责一个专业重点领域，对整个组织和外行本人来说都是一种冒险。联合国组织的"冒险精神"再次给我提供了突破自我的空间。

俗话说得好："摸着石头能过河。"我还是"祭"起我的笨办法，挤时间，"死"用功，把办公室档案柜中的相关文件，包括世卫大会和区域委员会的相关决议、会议报告、出差报告等找出来一份份仔细阅读，认真推敲。西太区还有个不错的图书馆，能找到的相关图书，我都找出来作为参考资料。

因为工作需要，我常去日内瓦参加总部组织的有关输血安全的会议。有一类会议被称为"老朋友俱乐部"，虽然会议的名称可能不一样，讨论的侧重面有差别，但出席会议的人多是同一批人，相互之间，知根知底。在会上，他们认真严肃地讨论输血过程中一些具体的技术细节。他们会碎片化地讨论一个技术问题，并为此而争执，但他们不会翻脸。

开会是件累活。组织一个会很累，听一个会也很累。你得认真听，仔细想，有了好想法还得想怎么说几句。在一些会上闷声不响不说话，并不被认为是矜持谦虚，反而有人会觉得这个人不懂、无知、没想法。

在开头的两次会，我除了按议程介绍西太区输血安全的情况，其他时间只是认真听。其他与会者都是世界级的专家，在他们各自的领域里是顶尖的专家，听他们的发言，能学到很多东西，他们都是我的老师。当然，听着听着，也能听出点问题，听出点想法。人说"不识庐山真面目，只缘身在此山中"，他们太关注他们各自专长的安全输血链里的某个细节，而不在山林中的外行，从远处看，从另一个角度看，也许也能看到一些内行所看不到的东西。

在第三次参加总部的输血安全会议上，我谈了点我的想法。我说的要点是临床输血服务是包括采血、验血、供血和用血等环节的一个链，这个链组成一个系统，而输血链又是医疗服务体系中的一部分。保障输血安全不仅仅是技术问题，也是个系统组合的问题。保障临床输血的安全，也要考虑怎么组织输血链，怎么协调系统各个环节间的连接。完善的技术手段与规范，需要由良好组织的系统来执行。我说得很认真，但"老朋友俱乐部"对外来人说的话没兴趣。

在另一个会议上，我再次提到要整体考虑加强和改善输血服务系统，这正是与会人员所在发达国家前几年做的事，我问他们为什么不愿意把他们自己国家的成功经验介绍到发展中国家。

在同一个会上，我再次斗胆发言。我强调新技术和先进仪器设备都需要人来操作，为了保证质量标准，就要把某些过程集中管理，减少人为的失误。我拿麦当劳为例，麦当劳有很多门店，但每个店并不自己做汉堡和肉饼。为了保证每个汉堡和每一块肉饼符合标准，麦当劳有专门的工坊制作汉堡和肉饼，再配送到各个门店。各个店所要做的就是把送来的半成品加热后卖给顾客。

终于有一位来自法国的女专家表示我的说法有一定道理，值得考虑，建议其他人认真听听我讲的。随后，两位美国专家也表达了相同的意思。他们开始想我说的有没有价值时，我已经在想怎样在西太区国家先行推动临床输血服务体系的重组与改革，建立国家统一协调下集中的临床输血体系了。

那段时间，中国政府拨巨款支持中西部五个省份的血站建设。我和卫生部有关司、处合作，去了上海、杭州、西安、成都、武汉、南京等地协商与实施输血服务体系的改革和新技术的推广，提供服务。

通过在中国推动国家统一协调下的输血体系，趁热打铁，2001 年 5 月初，我们在北京组织了"安全输血在中国"讲习班。5 月底和 11 月在杭州和上海组织了两个大型输血安全国际会议，扩大国际影响力。近 400 位国内外官员和专家出席了会议。

中国和西太区的输血安全工作得到了越来越多人的关注。上海会议期间，我两次与一位美国来的政府资深顾问和美国驻华大使馆的科技领事见面，讨论美国对中国输血安全项目的援助。我还和澳大利亚红十字会输血服务首席执行官进行了会谈，讨论西太区与澳大利亚红十字会的合作。

2003 年 12 月 9 日至 12 日，西太区在墨尔本召开了"国家统一协调下的输血体系区域会议"。会后，我们出了本 166 页的会议报告，归纳了经验，分享各国的成果，提出建立国家统一协调下的输血体系的行动方案。

在"安全输血在中国"讲习班（中）

在上海血站（左二）

第四节　不辱使命

1998 年开始，区域办事处就有关于我要调动工作的传言。有的说要去所罗门群岛当联络官，又有人说可能要派去韩国或马来西亚当代理驻国代表。那些也不全是传言，有司长非正式地提起过。

国内也传来消息，区域主任见卫生部领导时，对我的工作和人品给出了好评。说我工作很努力，这几年兼任其他几个项目，一个人干几个人的活，显示出个人能力并不局限在某一方面，各方面都干得不错。新主任承诺会给我找个合适的工作和地方，先把我提升到 P5 级，以后再说。

1999 年年初，区域主任找我谈话，提到要重新安排我的工作，但他还没有做出最后的决定。

时光如梭，一晃已是 6 月底。区域主任又找我谈话，让我还是留在西太区办公室，因为一时找不到人能接下我负责的四项工作。为此，他决定撤销我那个 P4 级的职位和那两个空缺的 P5 级职位，合并三个职位的工作，专门为我设立了一个 P5 级资深医学官员的新职位，负责传统医学、输血安全、临床实验室和卫生科研。2000 年 1 月，总部批准在西太区新设了一个 P5 的职位，负责上述四项工作。十年磨一剑，我终于成为一名 P5 级资深医学官员。

回望当初，前任区域主任让我一个人负责四个人的工作，虽然为难我了，但我总觉得他还是对我有信心的，不然他不会把输血安全和卫生科研这么重要的工作让我干，毕竟要为整个世卫组织负责。我非常感谢他给了我机会来"表现"自己。正是这些机会让学中医的我，通过努力，提升自己，发掘潜力，超越自己，不仅把传统医学做好，还把另外几项也搞得"热热闹闹"的。没有他的"为难"，也许我永远不能摘掉头上的"紧箍咒"，摆脱不了"知识范围狭窄"的偏见和歧视，就不会有发展的前途，当然也不会有后面几次的提升。

2000 年我升为 P5 级后，两位卫生部部长先后语重心长地对我说："你再努力一把，为中国再争取一个高级官员的位置。"两位部长希望我能再升一级。

2003 年一开年，西太区二把手把我找去。他先问了西太区卫生科研顾问委员会会议的情况，然后迟疑了一会儿，终于开口："让我这么说吧，你对今后的职业发展有什么打算？你是愿意继续在西太区办公室干下去，还是想外派到别的地方？"我回答他说："去哪儿都行，我只希望有活干，不在意在哪里，也不在意有没有漂亮的头衔。"二把手说，区域主任在考虑把你调到太平洋岛国担任驻太平洋岛国的全权代表。这是我第一次听说我可能会出使南太平洋。

过了几天，区域主任找我说他已决定派我去接任驻太平洋岛国代表一职。他解释说以前一直没有调动我是因为我的专业比较特殊，涉及面比较窄。经过这几年的考验，除了传统医学，我把科研、临床技术、输血安全等方面的工作都做得很好，充分说明我能承担更重要、涉及面更广的工作。他强调驻太平洋岛国代表的岗位很重要，他个人希望我能接受他的提议，尽快去岛国赴任。2003 年 3 月 10 日，第五届太平洋岛国卫生部长会议在汤加王国首都开幕，国王、王子和公主出席了开幕式。茶歇时，区域主任把我介绍给斐济卫生部部长。会议闭幕晚宴上，区域主任向部长们透露我将担任驻太平洋岛国代表。我又一次获得了提升，升至 P6 级。

5 月初，西太区例行的月会上，区域主任宣布了我的新任命，并肯定地说，不管派我到哪个岗位，我都能干得好，干得出色。会场上掌声四起，特别是坐在二层的秘书们欢声叫好。我两次站起来鞠躬表示感谢。那天，区域主任宣布了 20 多人的工作调动，唯有我得到这样的待遇。一个在西太区工作多年的同事说："这么多年了，没见过这样的场面。"

5 月 12 日，区域主任办公室组织了一个意外的欢送会，事先我一点都不知道。区域主任先讲了几句，谈到他选择高级官员的三个准则：能力、人品和对世卫组织忠诚。他说我是驻太平洋岛国代表的唯一人选。会上，投影仪在墙上滚动式放映我的照片，菲律宾同事们跳起了舞，我的一个秘书很动情地代表我的几个秘书讲了几句。

5 月 13 日，我到区域主任办公室告别。他强调，严防非典，不能让非典传入岛国。岛国地小人少，若让非典侵入岛国，有的国家也许会消失。

2010 年，我再次获得提升，成为世卫组织太平洋岛国技术支援司司长，成为带"长"字的 D1 级高级官员，超额完成了两位部长交代的任务。

第四章 出使南太平洋

第一节 联合国蓝飘起来

5 月 15 日，我离开马尼拉，没有直飞斐济，而是先去了美国，参加儿子的毕业典礼。1990 年到世卫组织当临时工前，领导交代我的任务是"站住脚，待下去"，同时承诺，如果转正成为正式工作人员，可以带上夫人与儿子随任。1991 年我转正后，11 岁的儿子，小学还没有毕业就跟着我去了马尼拉。

英语水平几乎是零的儿子，上了马尼拉国际学校，语言不通，没有朋友，只能靠自己努力，当然也非常感谢老师们的付出。过了一年多一点，小家伙就骄傲地和我说："你们世卫组织的人，英语不怎么样。"高中毕业后，他考上了美国宾夕法尼亚大学沃顿商学院。一个人在美国单枪匹马拼搏，也不容易。

与儿子的合照

在美国的那几天是我入职世卫组织后，最轻松愉快的几天。一家人在一起，不用考虑过去的工作，也不用操心尚未接手的工作。不上网，不收电子邮件，没人打扰，也不会打扰别人。

联合国对她的雇员有一条基本的要求：随时愿意并准备好被派遣到任何地方去工作。不是每一个联合国工作人员都在纽约、日内瓦，大量的联合国人员在贫穷的国家工作。那些地方生活条件差，环境艰苦，物资匮乏，甚至治安不好，自然灾害频发。在那些地方工作，家庭的安全、配偶的事业、孩子的教育都可能受到影响。想到联合国工作，就要做好这个准备。有人就是因为不接受这一条而被终止合同的。

太平洋很大，太平洋岛国很小，分布在 3600 万平方公里的大海洋里，像夜空中的星星般点缀在深邃的蓝色汪洋中。太平洋岛国很远。5 月 29 日一早我离开美国，抵达斐济南迪国际机场时已是 31 日。

到了一个新地方，要重新"安家立业"。办公室给我和妻子在一个汽车旅馆订了个可以做饭的房间。到苏瓦的第一天是个周日，岛民们把周日留给上帝，大多数商店关门。幸好有个电器店还开着，我买了个电熨斗，可以烫衬衫和西服。有一家"首都大酒店"，周日有港式午茶，我们俩在那儿买了些点心当午餐，又买了够吃几天的食品，带回旅馆。

旅馆房间的窗户能看到不远处的海湾。看着大海，让人想起联合国蓝。联合国用浅蓝作为她的旗、徽、盔和护照的底色。蓝是大海，蓝是天空，蓝代表了智慧、和平、公正和合作。

我负责的国家和领地包括斐济、所罗门群岛、瓦努阿图、图瓦卢、基里巴斯、汤加、瑙鲁、帕劳、新西兰、马绍尔群岛、密克罗尼西亚联邦、法属波利尼西亚、瓦利斯和富图纳、新喀里多尼亚、北马里亚纳群岛和关岛。在全球世卫组织驻国代表中，我管的国家和地区最多。三年后的 2006 年，我又兼任了世卫组织驻西萨摩亚、库克群岛、纽埃、托克劳、美属萨摩亚代表，负责世卫组织在 21 个太平洋岛国与地区的工作。又过了三年多，2010 年，我又多了一个头衔，成为首任世卫组织太平洋岛国技术支援司司长，负责为 21 个太平洋岛国和地区提供技术支援。

在太平洋岛国中，除了巴布亚新几内亚和新西兰，斐济人口最多，经济实力较强，对外交通也相对发达些。很多国家把负责太平洋岛国的使馆放在斐济，大多数的联合国机构驻太平洋岛国的代表处也设在斐济。与其他世卫组织驻国代表处不一样，我的办公室还有四个下属派出机构，称为联络官办公室，分别设在汤加、瓦努阿图、所罗门群岛和基里巴斯。

作为世卫组织驻太平洋岛国的代表，第一项隆重的外事活动是向所负责的国家递交类似于"国书"（credential）的由总干事和区域主任签署的授权书，授予代表世卫组织的权力。称为"国书"其实并不准确，联合国机构驻国代表递交的不是国与国之间的文书，但英文用的词与"国书"是同一个词，内容也基本一样。

在驻太平洋岛国代表办公室

"国书"

斐济曾经是英国的殖民地，对礼仪比较讲究。没有递交"国书"，就不能享受使团团长（head of mission）的待遇。那段时间，斐济的政局不太平静，2000 年的政变虽然被军队解决了，但留下了后遗症。斐济裔和印度裔之间长期的矛盾、军队与总理的关系、总统的辞职、最高法院对修宪的否决，都是天大的事。政府大概忙不过来，递交一事一直拖着。直到 7 月 17 日上午 10 点 55 分，斐济外交部礼宾官突然来电，通知 11 点 30 分，到外交部递交我的"国书"。

虽然我曾在几个场合见过外交部部长，但这个仪式还是很正式的，先握手，由我双手递上那份"国书"，再握手。

总干事和区域主任分别在"国书"上签名，再贴上红色的世卫组织的徽章，也许是模仿古代国与国之间来往信函上的红封泥。

递交程序结束后，礼宾官把我送到门口，提醒我的司机可以把车头旗杆的旗套取下来了。车头挂旗，很有讲究，递交了"国书"才能挂旗。递交"国书"后，也只有使团的团长坐在车上才能挂旗，别人坐在上面，是不能挂旗的。

世界卫生组织太平洋岛国代表处部分职工合影

那是我第一次车头上挂旗。车子启动，微风吹拂，世卫组织的联合国蓝旗帜徐徐飘展，我心里微微一震。

飞驰的车，驿动的风，摇晃的旗杆，飘扬的旗，伴随着我，开始了为岛国人民服务、为祖国争光的七年征程。

第二节　我是外交官

在斐济递交完"国书"，我就该去其他国家了。我负责的区域包括11个独立国家、3个法国领地和2个美国领地。除了斐济，我还有12份"国书"，需要分别递交给包括美国、法国和新西兰在内的12个国家。我整整花了三年时间才把13份"国书"全部递交完成。

我不是学外语的，更不是学外交的。一个外行又要跨界了。对我来说外交就是搞好关系。原来关系好的，搞得更好，原来有点别扭的，慢慢改善关系。作为世卫组织的"大使"，我的第一要务就是与我负责的国家和地区搞好关系，多交朋友，广交朋友。

与岛国搞好关系，对历任代表都是个挑战。岛国人民有强烈的自豪感，他们认为自己是上帝的宠儿，上帝赐给他们壮实的体魄和天堂般的生活，不需要付出强体力劳动就能获得生存所需要的基本物质。与我们相处的官员们往往有显赫的家庭和良好的教育背景，这更使他们觉得自己高人一头。岛国人能歌善舞，热情好客。外人不知道岛国的舞蹈其实有很多属于"战斗舞"，是战前显示武力的一种形式。

有一年，一个联合国机构驻岛国的代表说了些什么，得罪了大酋长委员会，该委员会的领导通过媒体，要那位代表闭上嘴，回去问问纽约再开口，有点要驱逐他出境的意思。与岛国人相处，如果一开始没与他们搞好关系，失去了信任，也许就永远挽回不来了。

小武士　　　　　　　　　　　　与武士们

递交"国书"是个外交仪式，也是面见总统、总理的机会，我要利用那个机会与他们建立起良好关系，争取到他们对卫生健康事业的重视与支持。

与总统、总理的见面都很正式，讲究礼节和规矩，但也有轻松、闲聊的时间。

比如基里巴斯，远在天边。全国32个环礁及1个珊瑚岛，散布于赤道南北，横跨国际日期变更线东西。她的一些岛礁，每天第一个迎接初升的太阳，另一些岛礁则每天最后迎送太阳。总统艾诺特·汤是半个华人，他的父亲来自中国广东，漂洋过海，随着水流，在汪洋大海中的一个岛礁落脚。

我在世卫组织驻基里巴斯联络官的陪同下，去总统的办公室递交"国书"，随后，与他在办公室里聊了起来。我了解到基里巴斯议会准备讨论禁烟法案，我与他交谈的目的是争取他对禁烟法的支持。而在整个近一小时的谈话中，他主要谈他的父亲。我们反复地在禁烟和他的父亲之间切换着对话主题。虽然他是个总统，但还是很放松、幽默的。聊得高兴了，他决定晚上请我吃饭。晚宴中，还有故事，请听后文分解。

与老百姓一样，领导人也各式各样。瑙鲁，汪洋大海中孤零零的一个小共和国，当时公民 9000 人，拥有一个面积只有 21 平方公里的小岛。瑙鲁曾经是世界上最富有的国家之一。亿万年来，飞越大洋的候鸟们在这儿歇脚留下的鸟粪，给瑙鲁带来了可观的财富。但再多的鸟粪也经不起挥霍，加上不成功的投资，国家破产了。

那天瑙鲁总统请我吃午饭，巨大落地玻璃窗围绕的宴会厅仍然可以看出当年的豪华。总统聊到瑙鲁曾经的富裕和今日的贫困。有钱时，他们会坐瑙鲁航空公司唯一的一架飞机——波音 737 客机去澳大利亚吃晚餐。而那天能请我吃饭是因为我坐来的那架客机带来了蔬菜和肉食。他告诉我，那天早上，他被几个政府女雇员围住讨薪，已经几个月没发工资了。他把口袋里仅有的 20 澳元给了领头的。有钱的时候，每个公民每月都能领到几千美元。大玻璃窗三面对着大海，远处有只小船，船上有个钓鱼的。总统指了指说："他在学习怎么生存，我们整个国家也要重新学习怎么生存。"说得挺直的。

与国家领导人见面时，我会谈些他们关心的大事，找些与健康卫生有关的大事作为开头的话题。领导人熟悉那些话题，有兴趣，愿意参与。光谈卫生，可能太专业，他们会觉得乏味。

马绍尔群岛由珊瑚环礁组成，温室效应造成的海平面上升对那里的人是严峻威胁。我提到从机场来的路上，经过一个连接两个珊瑚礁的小桥，外交部的人说那是他们国家的最高点。马绍尔群岛总统对这个话题感兴趣。他谈了水资源靠接雨水，老百姓接从屋顶流下来的雨水，政府机关靠机场跑道两侧的管道收集雨水。

我喜欢看点闲书，放松一下。多吸收点"边缘"知识，也许哪一天会用上。选择闲书，我选自己喜爱的主题，找自己喜欢的作者的书看。那几年，我喜欢看美国生物学、人类学家贾雷德·戴蒙德的书。他写的《枪炮、病菌与钢铁》，从书名就能知道疾病是书中的三大主题之一。他的《大崩溃》讲了人类文明与环境，书中提到水、植被对环境和人类的重要性。书中有个例子就是讲复活节岛的。我也喜欢加拿大社会学、心理学家马尔科姆·格拉德威尔的《引爆点》和《异类》。他们书上的一些说法，能引起思考。书上的一些故事，可以使沟通更有趣、更丰富。

岛国的领导人变化频繁。我在太平洋岛国的七年任上，曾接触过一位瓦努阿图总统、三位总理。总统卡尔科特·马塔斯凯莱凯莱，是瓦努阿图第一位有大学学历的总统。他比较严肃，递交"国书"后，没说什么。当时的总理是汉姆·利尼，我去他的办公室拜访他时，他对疫苗接种率低表示担心。瓦努阿图政党林立，政党之间常常洗牌重新组合，总理也常常换。退休前，我最后一次访问瓦努阿图，担任总理的是爱德华·纳塔佩。我去与他告别时，卫生部部长在他面前对我大加赞词。我也见过另一位总理，萨托·基尔曼。

密克罗尼西亚联邦位于赤道以北。我递交"国书"时，约瑟夫·乌鲁塞马尔是密克罗尼西亚联邦总统。我退休前，曼尼·莫里是总统。长期以来，这个位于赤道以北的岛国对"南太平洋岛国"的提法有想法。两个太平洋岛国地区组织都把名称上的"南"去掉了。根据西太区的指示，我们在正式文件上也去掉了"南"字。我手下的四个联络官办公室都设在赤道以南的国家。为了尊重赤道以北几个国家的意愿，也考虑到我们工作的需要，我提议在密克罗尼西亚联邦首都增设一个联络官办公室，负责密克罗尼西亚联邦、马绍尔群岛、帕劳、北马里亚纳群岛和关岛的联络工作。2010年，与世卫组织西太区主任申英秀一起主持新联络官办公室开张后，我去拜访了莫里总统，向他介绍了设立这个联络官办公室的目的、作用和工作方式。他对世卫组织把在太平洋岛国的第五个联络官办公室设在密克罗尼西亚联邦感到特别高兴。

那七年，我还与两位帕劳总统、两位斐济总理、六位斐济卫生部部长打过交道。每次变动都要重新建立起关系和信任。

请总统、总理参加我们组织的活动，能加强影响力。我们请斐济总统参加晨跑，推动"每日万步"的活动。他还是联合国艾滋病防治的形象大使，多次参加有关艾滋病的活动。我们还请所罗门群岛总理参加防治疟疾的启动仪式，请斐济总理和所罗门群岛总理出席世界卫生日的活动，庆祝世卫组织的生日。

外交无小事，但有些小事，与外交有关，也要谨慎处理。斐济总统是大酋长出身，曾当过军队司令，看起来很有气派，但很亲民。第一夫人也来自大酋长家族，很有派头。一个周末，我们去超市买东西，排队付款时偶一回头，看见总统排在队尾。别看是件极小的事，还真有点难办。外交人员见驻在国的元首，应该极其尊重，要称他"Your Excellency"（阁下）。我们与他和他夫人还挺熟，他能认出我们。按我们习惯的规矩，应该礼让，让他在我们前面付账。但我太太建议不要动，不要回头。如果让他在我们前面先付账，不尊重排在我们与他之间的其他顾客，也有损于他的亲民形象。她的提议解决了一个棘手的外交难题。

斐济首都有个不小的外交圈，小小的苏瓦常常有一些社交活动。搞好关系还可以通过一些非正式形式，比如我们就常常在家请客。对西方人来说，家宴是最隆重的邀请。请部长或大使夫妇的场面比较正式，一般是中餐西吃，刀叉勺齐全，红酒、白酒用不同的杯子。每次请客，桌上都有用我的画印制的菜单。人多时，就在泳池边安排自助餐，能接待20多个人。联合国机构和我办公室的同事们、中国使馆的同胞们都来过我家。我们还请上海市的一位副市长到家里吃过饭。

2009年，第一次见到新任英国驻斐济专员，他就说："听说苏瓦最好的中餐是你们家的饭菜，我等你的邀请哦。"斐济有个外交官夫人俱乐部，我太太是那个俱乐部的活跃分子，与各国使馆的外交官夫人们建立了亲密的关系。她还去斐济国际学校教学生们中文，唱中国歌，跳中国舞。在外交场合，我们有准确的定位和默契的合作，她代表中国，我代表世卫组织。

太平洋岛国外交官夫人俱乐部成员在中国使馆新馆参加活动合影。前排左一为笔者夫人

斐济外交官夫人俱乐部活动。前排右者为笔者夫人

第三节　拥挤的舞台

疾病的传染从来就不受国界的限制。随着全球化的发展，国与国之间、人与人之间、货物与货物之间的交流越来越频繁，越来越容易，新出现的传染病如非典、禽流感、艾滋病、埃博拉出血热、新型冠状病毒肺炎的传播范围和速度出乎

了人类的预料。加之环境污染、地球变暖等全球性的挑战，需要国与国之间、地区与地区之间，甚至世界所有国家之间，通过外交手段和方式来共同应对卫生健康领域的挑战。卫生成为外交的一部分，外交成为处理国际健康卫生事务的重要途径，世卫组织在全球卫生外交中扮演着重要的角色。

在联合国系统中，除了世卫组织，联合国儿童基金会和联合国人口基金会也在母婴健康、生殖健康等方面做工作。20世纪八九十年代，世界银行加强了对卫生健康事业的资金投入，成为全球卫生健康事业有分量的伙伴。1996年，联合国设置联合国艾滋病规划署，协调联合国机构共同应对艾滋病防治工作。1999年，全球疫苗和免疫联盟成立。2000年，盖茨基金会成立，每年捐赠几亿美元支持全球健康事业。2002年，抗击艾滋病、结核和疟疾全球基金设立，为发展中国家提供援助。那些组织的任务与世卫组织有很多相似或重叠之处。那些组织需要世卫组织的权威性和技术，虽然世卫组织是一些新组织的发起人之一，但巨大的资金却绕过世卫组织。卫生健康事业成了一个拥挤的舞台，全球卫生出现了由世卫组织一强独大变成八强共存的局面。同时，一些地区组织也开始涉足卫生健康事业。世卫组织不再自然而然地成为全球卫生健康事业的主角。

根据世卫组织制定的《全球能力模式》，管理好一个办公室、一个团队是管理能力，而领导能力是指带领团队，维护整个组织在相关领域中的领导地位。

与地区组织的合作比较难。太平洋岛国有两个主要的地区组织：太平洋岛国领导人论坛和太平洋岛国社区。太平洋岛国领导人论坛是岛国的政治组织，就像一个小联合国，出席该论坛年会的是国家元首、政府首脑、外交部部长。太平洋岛国社区是太平洋岛国的一个地区性技术组织，为太平洋岛国提供技术支持。

太平洋岛国社区成立时，主要在自然资源、农业、渔业、环境等方面做些工作。全球基金建立后，世卫组织的作用是帮助受援国指定接受全球基金项目和资金的机构，为准备项目书和执行项目提供技术支援。考虑到太平洋岛国的具体情况，世卫组织西太区提议由太平洋岛国社区秘书处代表太平洋岛国接受和执行全球资金项目，于是该秘书处开始介入卫生健康领域。随着资金的涌入，它的卫生健康项目成为发展最快的部门。有钱了，想法也多了，该秘书处希望在太平洋岛国的健康卫生领域里扮演主角，少数秘书处项目官员变得咄咄逼人。世卫组织与太平洋岛国社区秘书处之间的竞争也成为领导权之争，处理好与该秘书处的关系成为世卫组织驻太平洋岛国代表的一件挠头事。

古人说："知己知彼，百战不殆。"同样，知己知彼，才能合作愉快。

太平洋岛国社区的优势在于作为一个地区组织，有自家人的亲近感，太平洋岛国社区秘书处的秘书长列席太平洋岛国领导人论坛的年会，靠着这个联系，他们的提议有机会获得岛国领袖的支持。岛国的主要援助国澳大利亚和新西兰更愿意把钱给地区组织，而世卫组织的优势在于长期积累下来的全球影响、全方位地介入卫生健康工作的能力和整个组织拥有的引领全球的专业知识和专家队伍。通过长期有效的合作，世卫组织已与会员国建立了良好的关系。

2005 年，太平洋岛国社区秘书处在太平洋岛国领导人论坛会议上提议仿效全球基金，成立太平洋岛国健康基金，统一收纳不同来源的外援资金。同时，他们还提议由他们制定太平洋岛国健康卫生战略规划，提交太平洋岛国领导人论坛，由国家领导审批。这两手很厉害，通过这两手，太平洋岛国社区秘书处一手抓住了援助岛国卫生健康事业发展的钱袋子，另一手抓住了制定卫生事业前进方向的决定权。

作为世卫组织负责太平洋岛国的办公室，我们要按自己的方式做点事。在这种事上，我不想沉迷于争辩，更不能发生直接冲突。我们要的不是赢得一场争辩。

世卫组织全球驻国代表会议合影

世卫组织西太区人力资源会议合影

"健康苏瓦"活动

世界无烟日活动

我们要的是赢得问题的解决，任务的完成，目标的达到。我们需要通过自己的努力，拓展世卫组织在太平洋岛国的影响力与领导力。

对外，我们统一口径，占领道德高度，强调岛国社区秘书处是世卫组织在太平洋岛国最重要的合作伙伴，我们与该秘书处有着良好的合作关系，我们将进一步加强与该秘书处的合作。

对内，我们认真规划，积极行动，通过行动把整个组织拥有的优势转化成我们面对的真实世界的实力。

人力资源缺乏是岛国的一个痼疾。为此，我们建立了远程教育网络，提供硬件和各种远程教材，与斐济医学院合作安排课程，并安排了两个医学官员和一位有计算机硬件专长的技术人员共同负责这个工作。太平洋岛国几乎没有精神卫生的专业人员，在西太区的帮助下，我们建立了一个精神卫生平台，通过电子邮件随时可以咨询西太区与总部的相关专家。我们分别组织了助产士、实验室工作人员和医学影像技术人员的培训班，召开专门会议讨论应对医务人员移民流失的措施。

控制传染病，岛国不可能建立类似于疾病控制中心那样的专门机构，我提议建立以医院为主，有各个岛的医疗中心和主要医生参与的传染病监控体系。抓住每个国家的几家关键医院和诊所作为监测点，发现和掌握传染病发病情况，及时报告卫生当局。同时，世卫组织承诺随时准备提供技术和人员支持。这个切合实际、可操作、精细化的传染病监控方式，在控制伤寒、麻疹、登革热、流感暴发等方面起了作用。

非传染病是太平洋岛国面对的重大挑战，我们帮助各国执行非传染病危险因素的调查。启动无烟学校、无烟村、无烟办公室等项目帮助岛国执行联合国控烟框架公约。针对肥胖问题，推广"每天一万步"的减肥行动。我们还推出"健康岛屿"的活动，综合治理环境与健康，并与警察署合作，组织交通安全的集会。

我们组织地区性会议，加强地区合作。仅在 2008 年下半年就组织了有关卫生融资途径、爱婴医院、临床专科医疗服务、药物和疫苗供应，以及儿童营养等方面的地区性会议。

我们全方位、连续地采取了一系列行动，彰显出我们不可替代的覆盖能力、专业能力、行动能力、应急能力。用行动赢取领导力，我们的工作给岛国带来了实实在在的好处，受到了岛国人民的好评和信任。斐济和图瓦卢卫生部部长先后表示："关于卫生健康的事，我们只相信陈恳医生说的。"

我们的"组合拳"起了作用。2008 年 2 月，太平洋岛国社区秘书处秘书长表示愿意与我们分享澳大利亚提供的资金。6 月，我和太平洋岛国社区秘书处秘书长共同提出了"2 个组织，1 个团队，为 21 个国家和领地服务"的口号和任务。2009 年，世卫组织西太区和太平洋岛国社区秘书处签订了合作备忘录。

太平洋岛国粮食保障高峰会议的成功，再次体现了世卫组织在太平洋岛国地区的影响力。

2005 年，联合国粮农组织召开全球粮食保障高峰会议，提议召开国家和地区性的粮食保障高峰会议。2007 年，在太平洋岛国卫生部长会议上，卫生部部长们首先提出召开太平洋岛国粮食保障会议。2008 年，太平洋岛国领导人论坛提出粮食保障是太平洋岛国的优先事务。2008 年 7 月，斐济在太平洋岛国中第一个召开国家粮食保障会议，总理出席了会议开幕式。英国广播公司（BBC）记者采访我，报道了斐济粮食保障会议的召开。2009 年，太平洋岛国贸易和农业部长会议支持召开太平洋岛国粮食保障高峰会议。

2009 年，我们和联合国粮农组织、联合国儿童基金会、联合国开发署、太平洋岛国领导人论坛秘书处、太平洋岛国社区秘书处以及瓦努阿图政府成立了一个工作组，共同筹备太平洋岛国粮食保障高峰会议，起草粮食保障行动纲领和执行计划。在筹备小组正式成立时，我被选为筹备小组组长。

根据全球粮食保障高峰会议确定的定义，粮食保障是指粮食生产、供应和粮食价格保障每个人都能获得经济上可承担的，足以满足日常生活和社会活动所需要的安全、营养的食品。按照这个定义，粮食保障的大部分内容与粮农组织的工作更有关系，全球粮食保障高峰会议也是粮农组织来组织召开的。世卫组织主要关心营养和食品安全，大家同意由世卫组织担任筹备小组的组长，无非是我们主动些、积极些、点子多些、干得多些。

通过近一年的努力，2010 年 4 月 21 日至 23 日，太平洋岛国粮食保障高峰会议在瓦努阿图首都维拉港举行。来自 23 个国家和地区的 170 位与会者，包括总理、副总理，农业、卫生、交通和商务部长出席。开幕式上，有三人发言，分别是瓦努阿图总理、世卫组织西太区区域主任和太平洋岛国领导人论坛秘书长。会议期间，除了全体会议，我们又组织了六个工作组，对我们起草的行动纲领和执行计划逐句逐条进行修改。

那几天真是废寝忘食，常常以饼干、香蕉充饥。每天早早起来，查看每个会场的安排。晚上，与会者都已休息了，我们还要整理当天的会议记录，摘出要点，特别是对行动纲领和执行计划的修订，然后打印出来，和秘书们分头把一份份当天的会议记录从门缝塞进每个与会者的房门下。在会议期间，我们还抽出时间和精力，组织了媒体培训，为媒体提供背景材料。会议按时完成了既定的目的。

在闭幕式上，也有三人发言，我代表所有参与筹备和组织这个会议的组织和机构，感谢与会者的支持和努力；萨摩亚卫生部部长代表与会者感谢会议的主办国和筹备小组；瓦努阿图农业和渔业部部长代表主办国致辞。会后，我们整理出了一份 80 多页的会议报告。

控制饮酒会议合影

太平洋岛国粮食保障高峰会议合影

第四节　斐济政变

2006 年 12 月 5 日凌晨，我在睡梦中被短暂的噼啪声惊醒，随之，一阵隆隆的汽车声打破了以往的宁静。像往常一样，司机早早就来了，把车停在门口等我。每天，他总是第一个到办公室，先打开门，再去地下车库开车接我。他是个老实忠厚的斐济族人，话不多，每天早上接我时只说一句 "Good morning, sir"。

那天，一见到我，他就对我说街上有士兵，并建议在车头挂上世卫组织的旗帜。前面曾提到驻国代表与其他大使一样车上可以挂旗，但平时我不让他挂，觉得天天上下班都挂上旗帜，迎风飘展，太张扬了，只有出席官方活动时我才会让他解开车头上的旗帜。

一路上，都能见到街上巡逻的士兵。斐济军人平时上装只穿短袖，下身着裙子，而那天头戴钢盔，身着野战服，手执冲锋枪，俨然是作战部队的装备。士兵设置路障，拦截、检查车辆，截停政府官员和他们的车，所有与部长们的标配车相似的车都被截停。沿途一共经过了 18 个检查点，因为我的车有飘扬着的世卫组织旗帜，士兵们没有为难我们，还对我招招手，有一个关卡的士兵还立正敬礼。

这已是斐济自 1987 年以来的第四次政变了。2006 年 5 月大选连任的总理和军队在赦免以前政变参与者、土地拥有权、一些官员包括警察总监任命等事宜上发生了矛盾。11 月 2 日，总理宣布免去军队司令的职务，军队拒绝接受总理的决定。11 月 29 日，军队司令宣布 12 月 1 日中午前，总理必须接受他的所有的条件，不然军队将采取"清理行动"。12 月 1 日一早，我赶去参加联合国机构驻安全保障小组会议，布置应对军队可能采取的行动，讨论撤离计划，以防万一。在会上，我建议如果大家对制定的各级危机程度和相应的措施没有异议或补充的话，赶紧结束会议，回各自的办公室，抓紧安排执行。

离开会议室，街上已有些混乱，车几乎动不了。我给办公室打了个电话，让大家在我办公室等我。我让司机留在车上，看好车，设法把车开回办公室。我自己跳下车跑回办公室，安排撤离前清理办公室的职责分工，强调不要慌乱，联合国驻国团队会时刻关注事态的发展，紧急撤离的决定将基于一系列必要的标志。在做出撤离的决定前，会随时把形势的发展告知大家，给大家充分的时间安排家属。我宣布了撤离的顺序，同时告知大家我会留守办公室，直到最后一刻。

一个美国同事说他可以在办公室留守，11月的感恩节和12月的圣诞节是美国人最重要的节日，他的夫人与孩子已回美国，没有后顾之忧，但我太太还在斐济，我应该随大家撤离。我们俩对于谁最后一个走争论了一番。我非常感谢他的支持，但我必须排在最后，我不能让我的下级在我的后面撤离。

几天前，我与太太谈过，若形势继续恶化，联合国可能会撤出工作人员。因为我的地位和责任，我不能走。她表示我不走，她也不走，我们要在一起，两个人在一起，可以相互支持，到时候，她至少能给我准备吃的。结果，那天什么也没发生，军队司令去看一年一度军队和警察之间的英式橄榄球比赛了。有人说，竞技体育是人类发泄战斗欲望的方式。那天的比赛大概是军队赢了，暂且放过警察一马。

12月4日晚上，军方又一次用武力推翻了政府。

外界对斐济政变多持反对态度。美国停止了对斐济的军事援助。英联邦暂时终止斐济的成员国资格。联合国表示对斐济事态发展的关注，提升斐济的安全警戒级别，并警告说将要求斐济军人退出联合国维和部队。虽然各界对政变多持否定的态度，一场不流血的政变，推翻了民选政府却已成事实。

面对这个事件，大家可能有个人的看法，但我作为一个联合国机构在这个国家的负责人，需要从联合国的地位、世卫组织的责任、各会员国对此事的态度，以及工作人员和他们家庭的安全来考虑和处理。一到办公室，我把全体人员召集在一起，一一询问，特别是当地雇员和他们家庭的情况。我要求大家保持平静，尽量保持低姿态，避免引起注意。我让本地雇员全部回家，所有国际职员留守。我调整了工作安排，紧缩我们的工作范围，取消已经准备好的几个会议，把工作重点和人员放在涉及其他太平洋岛国和整个地区的工作上。对斐济的工作，集中在对可能发生的暴力冲突引起的伤亡和急性传染病的监控上，其他活动，视事态发展变化再定。

我们几个联合国机构在斐济的负责人当天也抓紧时间碰头，分析形势，商量我们所应该采取的应对措施。一个会员国的政府被武装部队推翻，使我们处于一个敏感的地位。我们首先需要决定的是三件事：第一，怎么处理与军政府的关系；第二，如何保护在斐济的联合国机构办公室和工作人员；第三，在目前的情况下，如何执行我们的职责，完成我们的任务。通过几番讨论与分析，大家都倾向于暂停与临时政府的联系，各机构在各自的办公室和汽车上贴上联合国标志，并只让少数必要的工作人员待在办公室。

会上，我提到世卫组织的工作关乎生命与健康，若遇到特殊的情况，如疫情暴发、自然灾害，或因政变冲突引起伤亡等事件发生，会不可避免地要与临时政府的相关部门联系，了解情况，必要的话，还需通过政府体系采取行动，落实任务。经过反复解释，我的提议获得了联合国其他机构的理解和同意。从后面的事态发展来看，强调世卫组织工作的特殊性，同意我们在必要的情况下与军政府保持联系这一条，很有必要。2006 年，有 55 个国家和地区发现禽流感疫情，大多数病例发生在与岛国不远的东亚，为此我们几次与斐济军政府有关机构接触，加强监控，加强预防。

一个月后，军方把总统职权交还给老总统。第二天，老总统任命军队司令为总理，新总理在总统府宣誓就职。

第五节　战斗在第一线

在驻国办公室工作，我们是世卫组织在第一线的人员。为了帮助我们负责的国家，我和我的同事们需要冲在最前线，直接参与任务的执行。我提出了 ACT（A: action，行动；C: country，国家；T: team，团队），强调采取行动支援会员国，以及团队精神是工作思维的基本框架。后来又加了 S（system，系统），成为 ACTS，强调在规划和执行任务时要考虑到如何有利于加强卫生服务体系。我们组织的活动只有融入卫生服务体系之中，才能延续下去。

图瓦卢共和国由九个环礁组成。环礁是由珊瑚礁形成的环状或部分环状岛屿，环中间是平静的海水湖，环外往往是惊涛骇浪的大海。图瓦卢面积狭小，仅有 26 平方公里的陆地面积，地势极低，最高点海拔仅 4.5 米，资源匮乏，人口 1 万，

图瓦卢最宽的那一角

与图瓦卢卫生部部长

医疗服务体系脆弱。2004 年，我第一次以驻太平洋岛国代表的身份到日内瓦开会，突然接到图瓦卢卫生部部长的电话。图瓦卢唯一一所中学的 300 多个学生中，有 100 多个学生染上了伤寒，情况紧急，他要求帮助。我建议他检查学校饮食安全，组织医务人员入驻学校，把发病的学生与其他学生分开，发病的学生可以服用抗生素，而疫苗可以保护未发病的学生。同时，我们负责传染病控制的官员会尽快赶去他们那儿。

疟疾、结核与艾滋病是当今世界的三大传染病。20 世纪 60 年代，疟疾在我们插队的地方流行过，几乎每个人都患过这个病。感染了疟疾后，高烧、大汗、寒战交替出现，当地人称之为"打摆子"。几天后，疟原虫的作祟使得病人全身乏力，面黄肌瘦，失去劳动力。当时治疗疟疾的有效药奎宁稀缺，县医院的医生每人每月只配给几支针剂，要省着用。大多数病人没有药，只能靠自己硬扛着。到那个小村插队的第二年，我第一次感染上疟疾。房东大娘看了心疼，开始每天下午用大铁锅烧一口开水，冲一碗蛋花给我喝，就是把蛋黄蛋白打在一起后用开水一冲就喝的那种。一连吃了五天。她的两个儿子有些不快，自己家都舍不得吃的鸡蛋，给了一个无亲无故的插队知青吃了。那时候鸡蛋对于当地农民来说是维持日常生活所需现金的唯一来源。退休回国后，我回那个淮北的小村看了看，房东大娘还在，90 多岁了。五个鸡蛋的情，一辈子忘不了。在插队时，后来我又得过一次疟疾，第二次病更重，被送

与房东大娘和她的玄孙女

到县医院后，一位医生把她仅剩的一支奎宁针用在了我身上。有了自己的亲身经历，加之我们国家消灭疟疾的成功经验，我很想在防治疟疾上做点事。

所罗门群岛是太平洋岛国中三个疟疾国家之一。防治疟疾的主要手段是积极治疗传染源和切断传播途径。病人身上带有疟原虫是传染源，蚊子是传染途径。我和卫生部部长商量好选择圣诞老人岛，作为消灭疟疾的试点。从首都坐飞机到圣诞老人岛要飞三个小时。在贫穷的所罗门，那是个最贫穷的地方。疟疾造成劳动力的损失，成为贫穷的原因之一。贫穷造成恶劣的生存环境，恶劣环境繁衍蚊子，蚊子传播疟疾，形成恶性循环。这是个大胆的计划，我们做了很多准备，动员群众，储备抗疟药，发放长效灭蚊药处理过的蚊帐，调整医疗服务点，积极治疗传染源，切断传染途径。我和部长在省长的陪同下，在那个岛待了三天。启动那天，来了不少当地居民。所有在场的人，一起用脚使劲跺土地，女人们用嘴发出"哦落落"的声音，男人们用嘴吹或用鞋底拍打大大小小、长长短短的竹子，有主调，有大地震动的低音，是一种非常震撼的音乐。他们用他们的仪式，向疟疾开战。

与所罗门卫生部部长（中）

防治疟疾项目启动仪式

中国在控制传染病上有很多值得骄傲的地方，丝虫病又是一个例子。在安徽插队时，因为我的一点点赤脚医生的经验，曾到县上帮助进行征兵体检，那个地方征兵体检的第一项就是查有没有丝虫病。现在大概很多医生也没见过这个病。

但淋巴丝虫病仍然是太平洋岛国的常见病，450万岛民受这个病的威胁。与疟疾一样，丝虫病是通过蚊子传播的。丝虫病患者是传染源。

世卫组织建议采取全民服药的方法，每人每年服用一次，杀灭体内的丝虫，消灭传染源，争取几年内消灭这个危害岛国几代人的疾病。经过五年的努力，2008年瓦努阿图、汤加等四个岛国已达到丝虫感染率低于1%的目标。在斐济，虽然丝虫感染率下降了一半多，但仍然高达9.5%，离低于1%的目标差距很大。主要原因是服药覆盖率太低，只达到66%。2008年，我们决定来个大行动，与卫生部携手，逐岛组织集体服药，我和部长在一个岛的启动仪式上，一起吞服抗丝虫病药。那一年，斐济的服药覆盖率达到85%。

麻疹是儿童常见的急性呼吸道传染病之一，其传染性很强，是儿童死亡的主要原因之一。消灭麻疹是世卫组织和会员国的承诺。根除一种疾病是个巨大的系统工程。普遍接种麻疹疫苗是消灭麻疹的唯一手段，但条件是疫苗接种覆盖率必须达到极高。而父母在权衡子女接种疫苗的成本收益时，并不总会考虑到可能给其他人带来的后果。接种计划免疫规定的疫苗必须是政府行为，由政府组织、动员、执行和监测。

斐济本来已没有发现麻疹病人好几年了，但2006年3月，麻疹暴发，病源可能来自邻国。我们立即与斐济卫生部一起组织了一轮强化麻疹疫苗接种的行动。我和几个同事跟着卫生部官员和医护人员，背着设备，下到第一线，走村串户，记录统计人数，调查接种记录，为适龄儿童接种疫苗。连续干了好几天。我们还协助政府，争取外援。4月3日，美国大使带着两个美国疾病控制中心的专家来到我的办公室，表示愿意支持控制麻疹的行动。我提议先带他们去接种点看看，再讨论他们能干些什么。4月4日，美国大使和专家去了接种点。在接种点，斐济卫生部官员两次提到感谢世卫组织发起了这次强化接种。美国大使答应赞助12万美元，支持斐济的麻疹疫苗接种。

麻疹疫苗接种

美国大使在接种点

2007 年 4 月 2 日，所罗门群岛发生里氏 8.0 级地震。地震引发了强烈海啸，有些村庄被海浪吞噬，巨浪破坏了岛上在地震中幸存下来的建筑物。得知情况后，我用卫星电话与各个岛国的卫生部部长联系，通告海啸警报，提议卫生部发挥和加强卫生服务机构在应急救灾工作中的作用，同时也要采取必要的措施保护受灾地区的医务工作者和医疗服务机构。灾后我第一时间赶往所罗门群岛，与卫生部部长一起坐小飞机在空中看了现场，在机上商量医疗点的设置和救援物资的安排。

还有一年，瓦努阿图火山喷发，火山周围十多个村庄的数千名居民被紧急疏散到较远地区。为了尽快了解实际情况，给予他们更有效的帮助，我先飞到瓦努阿图首都维拉港，换一架小飞机飞到另一个岛，再坐船去现场。

2008 年 12 月 23 日，我们负责传染病控制的工作人员从密克罗尼西亚联邦发来邮件，说科斯拉州总督府收到了一封由美国得克萨斯州寄来的信，里面有白色的粉末。卫生部咨询我们该怎么办。我们的人担心是炭疽菌的孢子。2001 年，美国发生过寄炭疽菌的生物恐怖事件，导致 5 人死亡，17 人被感染。直到 2008 年 7 月，那次事件的犯罪嫌疑人才被确认。两件事的方式和时间节点上的关联不免引起了联想。这种事，不能不管，特别是我们的人提到了他的担心，万一是真的，会威胁到健康和生命。但是，这类事件当地警察和联邦调查局会介入，我们不便过度反应。我马上向马尼拉报告，要求传染病司提供能检查那类物质的实验室的联系方式。同时，我建议我们的人继续收集信息。24 日，他传来消息，90 多个美国驻外使馆都收到了类似的信，美国已派飞机到密克罗尼西亚联邦取样。

2010 年，斐济暴发伤寒，疫情没能及时控制住，疫区逐渐扩大。卫生部部长向总理汇报，总理表示可以动用军队封锁疫区。部长因此来找我，他也是个医生，没有经历过出动军队的事。我们都有点怕，怕军队的介入引起民众恐慌，我建议先动用民事人员。在岛国基层，有三股组织良好的民事力量：医务工作者、教师和教会。医务工作人员已经调动起来了，可以与教育部和教会联系，利用他们的人员和社会网络，进行社会宣教，清理环境，改善食品与饮水安全。

那么多个岛，那么多的国家，今天这儿发生点突发公共卫生事件，明天那儿遭点灾，总有点事，常常要吹集结号。

2005 年，斐济海啸，巴布亚新几内亚地震，H5N1 禽流感。

2006 年，汤加地震，瓦努阿图火山喷发，禽流感。

进村入户

2007 年，巴布亚新几内亚一批从印度进口的催产素引起不良反应。

2008 年，斐济热带风暴，12 个岛国先后暴发登革热，斐济血站使用过期试剂，斐济宫颈癌疫苗事件，马绍尔群岛、密克罗尼西亚联邦、所罗门群岛被大潮汐冲刷。

2009 年，斐济发大水又遭遇热带风暴，萨摩亚和汤加海啸，瓦努阿图火山喷发，甲型 H1N1 流感流行。

2010 年 1 月 4 日，所罗门群岛连续发生里氏 6.5 级和里氏 7.2 级地震，引发海啸，部分海域浪高 2.5 米，造成大约 1000 人无家可归。6 月，密克罗尼西亚联邦一个小岛的岛民分食了一只大海龟后，很多人出现类似中毒的症状。

某些事，放在大的层面上看，也许算不上什么了不起的事。但对于一个小国，对于一个小岛，对于一个家庭来说就是天大的事。有一年，瑙鲁一对双胞胎新生儿死了，谁也不能说那是件小事。人命关天，健康的事，没有小事。

在第一线，如果你能做点有用的事，你就能感受到变化，你就能享受到成就感。

第六节　我是发言人

我与媒体有点缘分。插队时，《解放日报》记者采访过我们知青户，在报上登了一小块文字。1974 年生理课开卷考试，我根据毛主席《矛盾论》的思想，写了篇《肺通气的辨证法》，被《安徽日报》刊登。1987 年我第一次出国讲课，《人民日报》刊登了新华社驻斯德哥尔摩分社记者写的报道。

到世卫组织后，我最早与媒体接触是在 1992 年。1992 年 2 月 26 日，美国《时代》周刊的一个记者和我联系，想了解一些有关传统医学方面的工作。区域主任特别不喜欢其他人见记者，他更愿意自己见记者。我先问司长，他不敢做主，说要请示区域主任。过了一天，区域主任来电话，同意我见那位记者。但是按规定，涉及世卫组织的问题，必须获得批准后才能回答。这个规定有道理，万一讲错话，会给世卫组织带来负面影响。但是这个规定却很难实行，记者提问很灵活，事先并不知道他们会提哪些与世卫组织有关的问题。临场也不能走出去先请示获得批准，再回来回答问题。区域二把手和我们司长都有些担心，不过区域主任同意了，他们也不再坚持了。

《时代》周刊的记者是位年轻的女士。也许是职业的需要，大名鼎鼎的《时代》周刊的记者颇具亲和力，很快我们就聊熟了。我们谈了两个小时，谈完后，我写了个报告，交给司长。过了几天，在去餐厅的路上遇到区域主任。他笑着说："嘿，都被《时代》周刊记者采访过了。我知道你们谈了些什么。"我赶忙说："有关世卫组织的政策与工作都是引用了您的讲话。"他笑笑说："那些还不都是你写的。"

1993 年 1 月 14 日，澳大利亚广播公司记者来电话，也要求采访负责传统医学的官员。中医针灸在澳大利亚很红火，民众有兴趣但政府很犹豫，引来了媒体的关注，想知道世卫组织的态度。区域主任又一次让我单独接受记者的采访。

到了斐济后，接受记者采访成为常事。世卫组织领导能力框架中包括通过沟通、规划、协调，吸引广大民众支持，促进世卫组织在卫生健康事业的领导者地位。与媒体打交道是提升世卫组织在卫生健康领域领导地位的一个重要途径。

2009 年，甲型 H1N1 流感在全球范围大流行，世卫组织第一次启用 2005 年版的《国际卫生条例》(IHR)。我们及时通告各个岛国，要求加强前几年建立起来的以医院为核心的疾病调查和追踪系统。4 月 27 日，世卫组织将警戒由第三级提升至第四级。仅隔了两天，4 月 29 日，世卫组织将流感大流行警戒提升至第五级。6 月 11 日，更将警戒级别提升至最高的第六级。6 月 16 日，萨摩亚、所罗门群岛和法属波利尼西亚出现疑似病例。6 月 26 日，斐济出现 6 例确诊病人。7 月 20 日，14 个岛国出现病例。只有一万人口的图瓦卢也有了 5 例确诊病人。

与 2020 年全球防控新型冠状病毒肺炎一样，抗击疫情就是场战斗。抗击疫情的方法也很相似：早期发现病人，隔离病人，阻断传染源和及时治疗；同时提醒民众，戴口罩，勤洗手，做好个人卫生。电视台天天插播我和卫生部部长演示怎么正确佩戴口罩的镜头。我还去了几个学校，给学生们演示怎么洗手更有效。斐济各报纸，以及《萨摩亚时报》《所罗门星报》《岛国商务杂志》等都报道了世卫组织的警示和援助。

为了应对 H1N1 流感，世卫组织收集到 5 亿成人量的抗病毒药，分发给 72 个发展中国家，包括太平洋岛国。世卫组织也为太平洋岛国提供了 5 万只口罩和其他防护用品。世卫组织为斐济的临床实验室提供了新设备，提高检测能力，并将其作为地区性的中心实验室，帮助周边小国。为了接受这些东西，我们办公室的所有人都被动员起来了，和卫生部人员一起去机场接货，验货，搬运物品，再分发给其他的岛国。

"WHO attacks flu" 报道

搬运世卫组织援助的物品

6 月 28 日，斐济卫生部官员在斐济电视台采访时提到，预防 H1N1 的疫苗将于 9 月上市，但担心斐济承担不起费用，就看世卫组织怎么解决这个问题了。世卫组织宣布为太平洋岛国提供免费 H1N1 疫苗，覆盖 10% 的人口。11 月，世卫组织宣布 H1N1 流感的第二波感染高峰已经来了。媒体都很敏感。11 月 11 日，斐济电视台问疫苗怎么还没来；12 月 7 日，斐济电视台来采访，又问同一个问题。12 月 17 日，澳大利亚广播公司也来问疫苗什么时候来，同时对疫苗来了后，谁能获得疫苗、谁将是那 10% 感兴趣。2010 年 1 月和 2 月，电视新闻中几次提到疫苗还没有来。应对有些问题，可以用常识来判断答案。但对疫苗何时来的问题，

与斐济卫生部部长（右）
演示口罩使用

交接疫苗。中间者为斐济卫生部代表，
右者为新西兰政府代表

我并不知道到底发生了什么，并不知道具体的原因。我把我的回答放在强调这是人类第一次在这么短的时间内，为那么多国家紧急运输那么多的疫苗上。从这个点来发挥，媒体挑不出毛病。

那段时间，澳大利亚广播公司、新西兰广播电台和一些岛国的电台轮番给我打电话。电台采访最难，往往不提前告诉你，听到铃声，拿起电话，对方介绍自己和来电的目的，然后就是 "Dr. Chen，we are on air"（我们在直播），你没有太多的思考时间，没有纠正的机会。不过，电台采访在岛国非常重要，绝大多数岛民看不到报纸，没有电视，电台是连接那些小岛屿的唯一方式，是最便利的民众宣教的手段。

2010 年 8 月，世卫组织宣布 H1N1 流感全球大流行结束。8 月 18 日，澳大利亚广播公司又来了电话。他们获知，新西兰基督城一位学生确诊感染上 H1N1 流感，新西兰又有一位患者死亡。他们问为什么世卫组织宣布大流行结束了，新西兰却出现了新病例，死亡病人也增加了一个？记者总想找个问题"为难"你。当你掌握了足够的知识和信息时，你总能找到难题的答案。作为联合国专门技术机构的代表，我不愿意对与卫生健康有关的专业问题说"无可奉告"。

媒体是我们与公众沟通的重要途径。2008 年，汤加、新喀里多尼亚、基里巴斯暴发登革热，萨摩亚、美属萨摩亚登革热的病例增加；几个萨摩亚人去新西兰，又把登革热带到了新西兰。8 月 15 日，《斐济时报》《斐济太阳报》《斐济每日邮报》登载了我关于斐济存在登革热暴发可能的警告。16 日，斐济的中文报纸也刊登了有关登革热暴发的危险。通过媒体，及时把对登革热暴发的担心告知公众，提示民众登革热的危险性、早期症状，以及及时寻求医生帮助的必要性和民众需要采取的预防措施。登革热没有特效疗法，重症病人会因出血、休克、呼吸衰竭而死亡。在传染病暴发时，与民众及时、透明地沟通非常重要，但要拿捏得当。既要让民众知道控制疫情的重要性，又不能引起恐慌，造成社会动荡。

9月11日，我再次与媒体谈登革热，《斐济每日邮报》《斐济时报》等其他几个国家报纸登载了我的讲话，要求民众重视预防，倾倒瓶瓶罐罐里的积水，清理小池塘、小水洼等蚊子滋生地，穿长衫长裤减少身体暴露，用蚊帐防止蚊子的叮咬。9月14日，斐济的病例突然增加，政府决定喷洒灭蚊剂。报纸上再次报道我的讲话，提醒民众不要让食品暴露在外面，防止被灭蚊剂污染，再次强调了消灭蚊子的重要性，要求大家发现可疑情况及早去医院。

在同一段时间内，几个国家发生同一种没有特效药的严重传染病，确实压力很大。我们通过给各个岛国的媒体提供信息，加强我们的社会动员力。澳大利亚广播公司在电台新闻中说："世卫组织站在发动防控登革热的最前线。"

与媒体交往，不仅仅是把我们的信息传给公众，还能帮助我们了解公众关注些什么，帮助我们应对突发事件。2008年10月11日，《斐济时报》登载了一篇长文，题目是《我们的女孩是小白鼠吗？》，报道了斐济有几个女孩接种预防宫颈癌疫苗后出现反应。媒体、家长与学校纷纷给卫生部打电话。有的家长还组成人墙，不让卫生部的接种人员进入学校。卫生部压力很大。

10月15日，卫生部公共卫生司司长给我打电话，她一开始就问："你看到报纸了，一定知道这件事。我们是会员国，你们有责任帮助我们。公众相信世卫组织的，要听世卫组织怎么说。"第二天，斐济电台的电话就来了。17日，新西兰广播公司也来了电话。看到《斐济时报》的报道后，我已与马尼拉的区域办公室联系，马尼拉提供的资料足够我回答记者了。美国食品药品管理局批准了宫颈癌疫苗，这个疫苗已在全球108个国家注册。欧美，以及澳大利亚、新西兰都采用疫苗接种预防宫颈癌。世卫组织有两个文件，为会员国提供使用宫颈癌疫苗的政策和技术指导。

10月20日，我们与太平洋岛国社区秘书处、斐济医学院一起组织了综合防治性病培训班。开幕式茶歇时，斐济电视一台的著名记者波莱拉来了。他以前采访过我，我们相互认识。老远我就跟他打招呼，他也在很远的地方让摄像师把镜头对准我，录起像来了。我和其他人讲完话后，他要采访我。他没有提关于性病的问题，而是单刀直入，问我是否知道近来公众对宫颈癌病毒疫苗的关注。为了帮助卫生部，更重要的是为了让斐济女孩们也能享受到科学研究的新成果，我谈了这个疫苗的安全性与有效性、在其他国家的使用情况和世卫组织的观点。对于媒体报道疫苗引起的反应，在其他国家也出现过，处理不太难。我刚回到办公室，他又带着摄影师跑到我的办公室追问了几个有关性病的问题。当天晚上，斐济电视一台新闻节目有两段采访我的报道，一个关于宫颈癌疫苗，一个关于性病防治会议。23日，《斐济时报》也登了两条同样内容的新闻。

25日，《斐济时报》和《斐济太阳报》报道，斐济卫生部工作人员已进入学校，恢复接种。几天后我从卫生部获知，接种进展顺利。

不过，斐济卫生部在这件事上考虑不周。宫颈癌疫苗很贵，每个女孩要打三针，三支疫苗大约要400—500美元。第一针是生产厂家免费提供的，后面两针的钱由谁出？若厂家不再免费提供，卫生部有没有能力承担经济上的压力？斐济医疗服务是全民免费的，如果厂家不出钱，政府没有钱，那就要出大事。家长们的反应一定会很强烈，甚至可以引起一个政治事件。另外，事前与家长沟通不够，没预先做好"功课"。作为世卫组织的代表，我有责任提醒卫生部。我与部长谈了，部长感谢我的帮助。

接受一些报刊记者采访

接受塞班岛记者采访

接受某电视台采访

接受斐济电视一台采访

主动接近记者，不拒绝记者的采访，与记者交朋友，更主要的是我们做的事帮助了岛国。世卫组织被媒体关注的次数越来越多，我有了不少出镜的机会。以2008年和2009年为例，仅我们收集到的斐济、萨摩亚、印度、英国和中国等报纸或线上的文字新闻对我们的报道，2008年有66次，2009年有73次。

2009年，在一个社交场合，太平洋岛国领导人论坛秘书长开玩笑说我拥有斐济的媒体。我觉得他有点妒忌。那几年，政府正在收购斐济的几家报社。我开玩笑地感谢他的提醒，说我可以卖掉我的份额，换回一大笔钱，多组织一些社交活动。大家哈哈一笑，高高兴兴，不伤和气。

第七节　一个中国

台湾问题在中国外交事务中是个重要且敏感的问题。对联合国中国雇员来说，也不例外，我们必须维护一个中国的原则。

1999年9月21日，台湾中部发生7.3级大地震，死伤人数上万。在我们司的周会上，一位同事问及西太区是否要为台湾地震救灾提供援助。当时，设在日内瓦的联合国人道协调署已派员到现场了解灾情，世卫组织也表示愿意提供援助，中国政府表示在一个中国的框架下，欢迎国际援助。我们司长是个精明、能干的老太太。她知道这件事很敏感，让总部和驻华办去处理。

如果她不加下面这段话，这件事也就过去了。她嘟嘟囔囔地说："加沙地带是以色列的还是巴勒斯坦的，谁也说不清。"虽然我们私人关系不错，但她啰唆的那一句，刺激了我的敏感点。我插话说："以色列与巴勒斯坦两个民族都有着悠久的历史，但作为独立的国家，以色列和巴勒斯坦都是新出现的国家。他们之间的一些地区的归属有不确定性。台湾的情况与加沙地带不一样。作为一个国家，中国已存在几千年了，历史上台湾就是中国的。"哎，有个同事竟听不出我与司长对话中的含义，又不知趣地提出他有一些神户大地震救援工作的材料，可以翻译成"台湾语"。哇，还有"台湾语"？我可不能装聋作哑，立马反驳说："世界上没有'台湾语'，台湾人用的语言叫中文。"周会结束前，我强调会议的记录和有关台湾地震的文书中，对台湾的称呼一定要遵循亚行模式（中国台北）或奥运模式（中华台北）。

有一年，蒙古国卫生部要求世卫组织派一位临时顾问去整理他们的传统医学，参加他们组织的一个传统医学会议。我们内蒙古自治区有蒙医院和蒙医研究院，但蒙古表示不希望从内蒙古请个蒙医师作为世卫组织的专家到他们那儿指导工作。蒙医与藏药有密切的关系，二者之间有很多相同之处，人们常常把蒙医和藏医合称为蒙藏医学。司长提出在印度的藏人中请一个会英语懂藏医的人到蒙古去当临时顾问。我坚决不同意。我找了国内一位研究蒙藏医学史的专家，陪他一起去了蒙古，顺利地完成了任务。

2003年去太平洋岛国赴任时，我负责的国家中有六个岛国保持与台湾地区所谓的"邦交"关系，包括所罗门群岛、马绍尔群岛、瑙鲁共和国、图瓦卢共和国、帕劳共和国、基里巴斯共和国。

前面提到基里巴斯总统请客。晚宴开始前，总统专门带着我转了一圈，介绍宴会厅的建筑特色。基里巴斯几乎每个村庄都有一个很大的茅屋，作为村民聚会议事的地方。宴会厅按照村里的大茅屋设计，采用基里巴斯本地的热带植物，用棕榈捆绑木头或竹子做成房柱、房梁、屋檩。土墙里衬有竹片或树皮编成的"钢筋"骨架，棕色的土墙上绘有太平洋岛国特色的各种图案。房顶很高，宴会厅的屋顶上铺了一尺多厚的本地茅草，经过处理的茅草加上屋顶的大坡

茅屋

度，使得遇上暴雨时，雨水会很快从屋顶流下来。在无雨的季节，屋顶厚厚的草，还能遮挡赤道炎热的阳光。

基里巴斯的外交圈很小，除了少数几个太平洋岛国，英国、澳大利亚、新西兰和美国有个专员在那儿。除此之外，就是台湾"大使"了。

宴会开始前，外交国务秘书带着我去认识一下在场的部长和外宾，打个招呼。介绍到台湾"大使"时，我注意到国务秘书介绍那位"大使"姓的发音很接近"Chen"。我们俩握手时，我问了句"您贵姓"，他答："姓陈。"我很快说："我们是一家人。"然后我转身用英语与周围的几个部长和客人说："我们姓一个姓。中国有句老话，一个姓的人，三百年前吃一口锅里的饭。我和我兄弟打个招呼。"

从基里巴斯回来后，遇中国驻斐济大使，谈起此事，大使的评语是："老陈啊，你的水平太高了，既没有违反外交礼节，又维护了一个中国的原则。"

2019 年，基里巴斯与中国复交，所罗门群岛与中国建交。

第八节　我和我的祖国

老话说："背靠大树好乘凉。"在联合国机构里，从世卫组织发力，推动传统医学融入国家医疗服务体系，促进中医进一步走向世界，离不开国家各级组织的支持。中医在卫生服务中的地位，中国政府对中医的重视，国内中医事业的发展和进步都是我依靠的大树。中国政府代表团多次在世卫组织决策会议上提到传统医学，国家和卫生部领导多次出席由世卫组织组织的传统医学会议。

1991 年 10 月，中国政府与世卫组织联合在北京召开国际传统医学大会，李鹏总理和国务委员李铁映在人民大会堂与全体参会代表合影。随后，李鹏总理接见了出席会议的世卫组织官员和各国政府官员。

时隔近 10 年，2000 年 4 月，中国政府在北京再次组织传统医学大会，有2000 多人参加，李岚清副总理在紫光阁接见了各政府代表团和世卫组织官员。中国政府以高规格的政府行为，提升传统医学的地位，有效地支持了我们的工作。

国家最高层的出访，也对我们的工作带来了巨大的影响力。江泽民主席访问菲律宾，在马尼拉专门安排时间接见华侨领袖、使馆工作人员和世卫组织、亚洲开发银行的中国籍工作人员。后来，温家宝总理、习近平主席先后访问斐济。国家领导的到来，显示了中国对那些国家的友谊，为中国籍的国际职员撑了腰。

我们曾在斐济迎接过三艘远望号航天测量船。每次站在码头，看着缓缓驶来的远望号，洁白的舰身、高昂的舰首、迎风招展的五星红旗、船上整齐排列的巨大锅形天线，心中是满满的自豪。

在国外，我愿意让人知道我是中国人。我拒绝把我的姓和名顺序按西方的习惯颠倒过去，每次开会自我介绍时，我都要花几秒钟解释："我是中国人，姓在前，名在后，我们中国人更相信家的重要性。"不改姓名的顺序，常常引起混乱，有人叫我 Dr. Chen，有人叫我 Dr. Ken。这也许不是件大事，倔劲来了，我就是不改。一位西太区的二把手一定要我把英语姓名换位置，我还是不干。

在世卫组织待了 20 年多一点，我曾在三个区域主任手下工作。

第一个区域主任，我把他当作"教父"，虽然不是电影《教父》里的那种"教父"。我觉得他是我遇到过的最严厉的上司，不过我感谢他，是他想尽办法让我转正待下来的，是他给我机会进行几次跨界，才有了后面的几次提升。从他身上，我学到了很多。他在办公室的最后一天，对着所有部下的面唱了首名曲"My Way"（《我的方式》），歌中唱道："I did it my way."（我以我的方式做到了。）我还是第一次听他唱歌，第一次看见他流泪，挺感动的。离开办公室前，他与每个人握手。与我握手时，他说："你是个好人！"让他说好，不容易。

第二个区域主任，比我小一岁，比我早到世卫组织几个月。同龄人沟通比较方便。我们两家曾经住得不远，没买车时，常去搭他的车上班，还常常一起打高尔夫。除了上下级关系，我们也是朋友。他当上区域主任后，我们有个约定，不在办公室外谈工作。在他当主任的 10 年里，我从 P4 升到 P5，又从 P5

与韩湘泰（中） 与尾身茂（左） 与申英秀（右）

升到 P6。宣布我去担任驻太平洋岛国代表时，他说："无论把陈恳医生放到哪个岗位，他都能干好。"

与母亲

我在第三个区域主任手下只干了两年。我们有相同之处，我和他都曾经是大学教师。他与前面两位主任不一样，他没有当过世卫组织工作人员，也算个"外来人"。因为背景相近，我们的思维方式有很多相似的地方，我提出的建议，基本都被他采纳了。我提议在赤道以北的太平洋岛国开设一个联络官办公室，他同意了。我提议成立"太平洋岛国技术支援司"，以积聚资源，协调工作，他同意了。他把我提升到 D1 级，成为太平洋岛国技术支援司的第一任司长。我到了退休年龄时，他不让我走，于是我在世卫组织超期多干了半年。半年后，他还想让我再多干几个月。我婉言谢绝了。老话说"忠孝难以两全"。退休前，为国家、为全球卫生健康事业尽忠。到退休年龄了，我和妻子两家都有老人，该回家尽孝了。宣布我退休时，他说："不知道陈恳医生的后任能怎么干，因为他已经干到了极致。"他代表世卫组织颁了块牌子给我，上面写着："感谢 20 年的忠诚与不知疲劳的奉献。"

由世卫组织颁发的退休纪念牌

在太平洋岛国的几年，我干了点有用的事。图瓦卢卫生总监和萨摩亚卫生部部长，分别在第 55 届和第 56 届世卫组织西太区卫生部长会议上，代表所有的太平洋岛国，感谢我为太平洋岛国人民所做的事。

2010 年 11 月 4 日，帕劳共和国参众两院专门通过 8-45-8 号联合决议，感谢我作为世卫组织驻太平洋岛国代表为帮助帕劳共和国发展卫生事业做出的贡献。帕劳共和国总统亲自给我颁发感谢状，感谢我"多年来致力于促进太平洋地区和帕劳共和国的卫生和健康事业"。感谢状上用大字体写着："帕劳人民真正的朋友。"

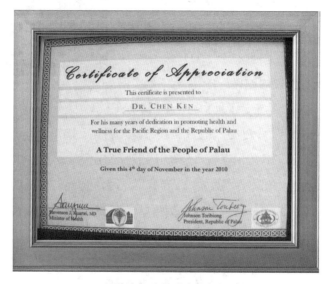

帕劳共和国总统的感谢状

人生中，很多事不是能预先规划好的，机会只是个偶然。有了机会，不畏惧，不放弃。联合国职场与其他职场一样，成功来自认真做事，不管是大事还是小事。成功来自勤奋学习，自信自律。成功来自积极行动，追求完美。成功来自忠诚奉献，忘我无私。联合国职场与其他职场不一样，在联合国机构工作，你是国际公务员，为世界人民服务，你不是中国的代表，却时刻体现着中国的形象。The world is a big stage. Wherever we go, whatever we do, we always embody China's image.（世界是一个大舞台。无论走到哪里，无论做什么，我们始终体现中国的形象。）

后 记

POSTSCRIPT

浙江大学 2015 年启动国际组织精英人才培养计划，我被聘为实践导师。所谓实践导师，其实作用有限，只是做些讲座。2018 年和浙江大学出版社策划"国际组织与全球治理丛书"也算是件工作，和另两位实践导师编写的《国际公务员素质建设与求职指南》也已于 2019 年出版。

丛书第二部现将付梓。在此，谨对张幼云和陈恳两位同志参加本书的撰写表示衷心感谢，尤其是张老师已年满八旬，依旧不辞辛劳，笔耕不辍。

特别感谢浙江大学领导、浙江大学外语学院李媛副院长、浙江大学出版社张琛副总编辑和董唯编辑等同志，他们在抗击新冠肺炎疫情的特殊时期，对本书出版给予了大力支持。

今年是联合国成立 75 周年，而中国是联合国的创始国之一。回顾历史，总结这次抗击疫情的经验，我们更加认识到国际组织在全球治理中的重要性。我国在联合国及专门机构的代表性不足，需要更多有理想、有抱负的优秀青年走上世界舞台，包括进入联合国等国际组织。希望本书能给青年朋友们一些参考，祝他们志存高远，脚踏实地，早日实现理想，为国家争光，为世界奉献。

宋允孚

2020 年 3 月于北京景园小区